BestMasters

Mit „BestMasters" zeichnet Springer die besten Masterarbeiten aus, die an renommierten Hochschulen in Deutschland, Österreich und der Schweiz entstanden sind. Die mit Höchstnote ausgezeichneten Arbeiten wurden durch Gutachter zur Veröffentlichung empfohlen und behandeln aktuelle Themen aus unterschiedlichen Fachgebieten der Naturwissenschaften, Psychologie, Technik und Wirtschaftswissenschaften.

Die Reihe wendet sich an Praktiker und Wissenschaftler gleichermaßen und soll insbesondere auch Nachwuchswissenschaftlern Orientierung geben.

Malte Schmitz

Verteilte Laufzeitverifikation auf eingebetteten Systemen

Logiken und Monitorkonstruktionen für asynchrone Prozesse

Mit einem Geleitwort von
Prof. Dr. Martin Leucker

 Springer Vieweg

Malte Schmitz
Lübeck, Deutschland

BestMasters
ISBN 978-3-658-12851-7   ISBN 978-3-658-12852-4   (eBook)
DOI 10.1007/978-3-658-12852-4

Die Deutsche Nationalbibliothek verzeichnet diese Publikation in der Deutschen National-
bibliografie; detaillierte bibliografische Daten sind im Internet über http://dnb.d-nb.de abrufbar.

Springer Vieweg

Gedruckt auf säurefreiem und chlorfrei gebleichtem Papier

Springer Vieweg ist Teil von Springer Nature
Die eingetragene Gesellschaft ist Springer Fachmedien Wiesbaden GmbH

Geleitwort

Industrie 4.0 bedeutet die automatische integrierte und kosteneffiziente Erstellung von Gütern. Essentiell für die Industrie 4.0 ist die sichere und korrekte Steuerung von Industrieanlagen. Im Rahmen seiner Masterarbeit hat Herr Schmitz die Grundlagen für eine derartige Steuerung mit Hilfe von innovativen Überwachungskonzepten zur Laufzeit von Industrieanlagen gelegt. Er hat seine Konzepte modellhaft mit Hilfe von LEGO Mindstorms visualisiert, um neben den theoretischen Grundlagen insbesondere auch die praktische Anwendung transparent machen zu können.

Prof. Dr. Martin Leucker

Direktor des Instituts für Softwaretechnik und Programmiersprachen
an der Universität zu Lübeck

Institut für Softwaretechnik und Programmiersprachen

Das Institut für Softwaretechnik und Programmiersprachen (ISP) ist ein international ausgewiesenes Institut der Universität zu Lübeck und ist spezialisiert auf die systematische Entwicklung nachweisbar sicherer und zuverlässiger Systeme.

Daher wird neben allgemeinen programmier- und softwaretechnischen Aspekten ein Schwerpunkt auf Formale Methoden gelegt. Konkret arbeitet das ISP an Verifikationsverfahren für Softwaresysteme, wie Model-Checking, Testen und Runtime-Verification, aber auch Techniken zur Spezifikation von funktionalen und nicht-funktionalen Eigenschaften von Systemen, ihren Komponenten und deren Kommunikation.

Das ISP wird seit August 2010 von Prof. Dr. Martin Leucker geleitet und ist in zahlreichen Verifikations- und Testprojekten in den Domänen Medical, Automotive und Industry Automation involviert, in denen ein Schwerpunkt auf den zertifizierbaren Nachweis der Sicherheit von Systemen gelegt wurde.

Darüberhinaus bietet das ISP Vorlesungen, Seminare und Praktika in den Bereichen Softwaretechnik und Verifikation an. Auf diese Weise fließen aktuelle Forschungsergebnisse direkt in die Ausbildung der Studenten ein.

Kurzfassung

In dieser Arbeit werden Varianten der linearen Temporallogik (LTL) für den Einsatz zur Laufzeitverifikation verteilter, asynchroner, eingebetteter Systeme und die zugehörigen Monitorkonstruktionen untersucht und implementiert. Dazu wird eine verteilte Temporallogik mit Vergangenheitsoperatoren (ptDTL) und eine auf dreiwertiger Temporallogik (LTL$_3$) basierende, verteilte Temporallogik (fDTL) sowie eine synchronisierte Variante dieser Logik (fSDTL) verwendet. Für die dreiwertigen Logiken werden neue Automatenmodelle entwickelt und mit bekannten Monitorkonstruktionen verglichen. Als eingebettete Systeme kommen dabei Roboter von LEGO Mindstorms zum Einsatz, die in dem C-Dialekt NXC programmiert werden. Im Rahmen dieser Arbeit wurde ein Scala-Programm zur Monitorinjektion über Programmtransformation entwickelt. Das Programm liest den C-Quelltext mehrerer Roboter ein, parst die in Kommentaren enthaltenen Annotationen und ergänzt die für die verteilte Laufzeitverifikation notwendigen Routinen im Quelltext. Anhand dieser Software werden die verschiedenen Monitorkonstruktionen und Techniken der Zustandsgenerierung im praktischen Einsatz verglichen.

Inhaltsverzeichnis

Abkürzungsverzeichnis

ABA	alternierender Büchi-Automat, engl. *alternating Büchi automaton*
AFA	alternierender endlicher Automat, engl. *alternating finite automaton*
BA	Büchi-Automat, engl. *Büchi automaton*
BNF	Normalform kontextfreier Grammatiken, engl. *Backus–Naur form*
DFA	endlicher Automat, engl. *deterministic finite automaton*
DTL	verteilte Linearzeit-Temporallogik, engl. *distributed temporal logic*
fDTL	verteilte Linearzeit-Temporallogik mit Zukunftsoperatoren, engl. *future distributed linear temporal logic*
fDTL_ω	verteilte Linearzeit-Temporallogik mit Zukunftsoperatoren auf unendlichen Worten, engl. *future distributed linear temporal logic on words*
FLTL	lineare Temporallogik auf endlichen Worten, engl. *finite linear temporal logic*
FLTL_3	dreiwertige lineare Temporallogik auf endlichen Worten, engl. *3-valued finite linear temporal logic*
FLTL_4	vierwertige lineare Temporallogik auf endlichen Worten, engl. *4-valued finite linear temporal logic*
fSDTL	synchronisierte verteilte Linearzeit-Temporallogik mit Zukunftsoperatoren, engl. *future synchronized distributed linear temporal logic*
fSDTL_ω	synchronisierte verteilte Linearzeit-Temporallogik mit Zukunftsoperatoren auf unendlichen Worten, engl. *future synchronized distributed linear temporal logic on words*

LTL	lineare Temporallogik, engl. *linear temporal logic*
LTL$_3$	dreiwertige lineare Temporallogik, engl. *3-valued linear temporal logic*
NFA	nichtdeterministischer endlicher Automat, engl. *nondeterministic finite automaton*
NNF	Negationsnormalform, engl. *negation normal form*
NXC	C-artige Programmiersprache, engl. *not exactly C*
ptDTL	verteilte Linearzeit-Temporallogik mit Vergangenheitsoperatoren, engl. *past-time distributed linear temporal logic*
ptLTL	lineare Temporallogik mit Vergangenheitsoperatoren, engl. *past-time linear temporal logic*
RLTL	reguläre Linearzeit-Temporallogik, engl. *regular linear temporal logic*
TL	beliebige temporale Logik, engl. *temporal logic*

Tabellenverzeichnis

Abbildungsverzeichnis

Definitions- und Theoremverzeichnis

1 Einleitung

Eingebettete Systeme steuern heutzutage neben vielen Geräten, die wir im Alltag verwenden, zunehmend auch sicherheitskritische Anlagen. Der Branchenverband BITKOM nennt in [44] unter anderem die Anwendungsbereiche Energietechnik, industrielle Anwendungen und Medizintechnik. Dabei werden die einzelnen Komponenten immer öfter zu verteilten Systemen vernetzt. Auf diese Weise muss nicht ein zentrales System die gesamte Steuerung übernehmen, sondern viele kleine Komponenten übernehmen dezentral die Steuerung einer größeren Anlage. Diese Ansätze sind preiswerter, leichter zu warten und ausfallsicherer. Bei der Entwicklung von Software muss allerdings die Verteilung der Anwendung auf mehrere Geräte berücksichtigt werden.

In der praktischen Softwareentwicklung ist die Verifikation der entwickelten Software ein sehr wichtiger Bestandteil. Gerade in den bereits erwähnten Anwendungsbereichen der sicherheitskritischen Systeme wird ein hoher Aufwand getrieben, um zu uberprufen, ob das entwickelte System seiner Spezifikation entspricht. Soll diese Überprüfung strukturiert vorgenommen werden, existieren unter anderem die vier verschiedenen Konzepte: Testen, Laufzeitverifikation, Modellprüfung und formale Beweise.

Beim manuellen oder automatisierten *Testen* wird überprüft, ob eine vorgegebene Eingabe zur gewünschten Ausgabe führt. Bei einem reaktiven System wird entsprechend überprüft, ob eine vorgegebene Eingabe das gewünschte Verhalten auslöst. Dieses Verfahren ist natürlich insbesondere auf verteilten Systemen sehr fehleranfällig, da eine Vielzahl möglicher Eingaben existiert, die nicht alle einzeln abgedeckt werden können. Demgegenüber wird bei der *Laufzeitverifikation* (engl. Runtime Verification, RV) während der Ausführung des Systems kontinuierlich überprüft, ob die Ausführung einer temporallogischen Eigenschaft entspricht. Auf diese Weise kann das Verhalten eines im Sinne der Spezifikation korrekten Systems auf abstrakterer Ebene definiert werden, sodass nicht alle gewünschten Ausgaben explizit angegeben werden müssen. Neben diesen beiden Möglichkeiten, die Ausführung des Systems zu überprüfen, existieren statische Analysen, die den Quelltext der entwickelten Software analysieren. Bei der *Modellprüfung* (engl. Model Checking, MC) wird untersucht, ob der Quelltext ein Modell einer temporallogischen Eigenschaft ist. Kann dies nachgewiesen werden, erhält man eine deutlich stärkere Aussage als bei der Laufzeitverifikation, da nicht nur eine Ausführung des Systems, sondern das vollständige System betrachtet wurde. Insbesondere bei verteilten Systemen ist hier allerdings der Zustandsraum des Gesamtsystems schnell zu groß, um mit heutigen Systemen überhaupt Ergebnisse erhalten zu können. Somit können in der Praxis nur einzelne Komponenten verteilter Systeme, aber keine kompletten Systeme verifiziert werden. Beim *formalen Beweis* werden schließlich nahezu beliebige Eigenschaften des Systems anhand des Quelltextes bewiesen. Da diese Beweise allerdings sehr aufwändig sind, kommen sie für umfangreiche Systeme mit einem großen Zustandsraum noch weniger in Betracht.

Diese Arbeit beschäftigt sich daher mit der Entwicklung und Implementierung von Methoden zur Laufzeitverifikation solcher Systeme. Der theoretische Schwerpunkt liegt dabei auf der Untersuchung und Entwicklung von Logiken und Monitoren für die Laufzeitverifikation verteilter asynchroner Systeme. Im praktischen Teil werden diese Techniken für eingebettete Systeme implementiert und evaluiert.

[17] definiert eingebettete Systeme in folgendem Satz.

> An embedded system is a microprocessor-based system that is built to control a function or range of functions and is not designed to be programmed by the end user the same way that a PC is.

Das wichtigste Merkmal ist dabei, dass es sich um hardwarenahe Computer handelt, die für eine konkrete Aufgabe programmiert werden. Diese Aufgabe kann im Gegensatz zum klassischen Universal-Computer nicht vom Anwender erweitert werden. In Hinblick auf diese Arbeit ist vor allem wichtig, dass man dazu in der Regel kleine, preiswerte und integrierte Systeme verwendet. Für das Monitoring können deshalb nicht beliebig komplizierte Techniken eingesetzt werden.

Im praktischen Teil kommt LEGO Mindstorms NXT zum Einsatz. Die Module werden dabei in einem C-Dialekt programmiert. Dieser Teil der Arbeit geht umfangreich darauf ein, wie im C-Quelltext die zu überprüfenden Eigenschaften spezifiziert und insbesondere der aktuelle Zustand des Systems ausgelesen werden kann.

In der Theorie können die Komponenten des verteilten Systems als Agenten modelliert werden. Verteilte Systeme bestehen dann aus einer Menge von kommunizierenden Agenten. In [10] wird ein verteiltes System durch die folgende Beschreibung charakterisiert.

A distributed system is one in which components located at networked computers communicate and coordinate their actions only by passing messages. This definition leads to the following especially significant characteristics of distributed systems: concurrency of components, lack of a global clock and independent failures of components.

Die Agenten in dieser Arbeit werden wie in obiger Definition nebenläufig ausgeführt, kennen sich dabei alle gegenseitig und kommunizieren über direkte Nachrichten. Ein Agent erhält in diesem Modell außer über die Nachrichten keine Informationen über die Zustände der anderen Agenten. Es existiert keine gemeinsame Uhr und die Agenten agieren bis auf den Nachrichtenaustausch unabhängig voneinander.

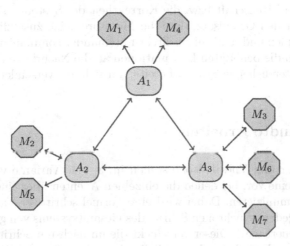

Abb. 1.1 Konzept der Ergänzung von Monitoren im verteilten System. Die Agenten A_i kommunizieren nur über Nachrichten. Die Monitore M_i an den Agenten können nicht direkt kommunizieren, sondern können nur Informationen an die ausgehenden Nachrichten ihres Agenten anhängen.

In Abbildung 1.1 wird das hier verwendete Konzept dargestellt, wie Monitore zu einem derartigen verteilten System hinzugefügt werden können.

Dabei können sich an jedem Agenten beliebig viele Monitore befinden. Diese werden automatisch aus temporallogischen Formeln generiert, die den zu verifizierenden Eigenschaften entsprechen. Eine solche Formel enthält dabei Annotationen, die angeben, welche Aspekte der Eigenschaft auf welchem Agenten ausgewertet werden sollen, sodass die Monitore entsprechend auf die Agenten verteilt werden. Damit diese Monitore zur Laufzeit Eigenschaften des Gesamtsystems überprüfen können, die mehrere Agenten des Systems betreffen, müssen die Monitore untereinander Informationen austauschen.

Werden einem System Monitore hinzugefügt, die das System zur Laufzeit überwachen, muss dabei berücksichtigt werden, welcher Mehraufwand durch das Monitoring entsteht und wie dieser das System beeinflusst. Dies gilt insbesondere auch für den notwendigen Informationsaustausch zwischen den Monitoren eines verteilten Systems. Schicken die Monitore zusätzliche Nachrichten an Monitore auf anderen Agenten, wenn sie aktuelle Informationen von diesen benötigen, kann dieser hinzukommende Kommunikationsaufwand auch den Versand von Nachrichten verzögern, die das System selbst verschickt. Im schlimmsten Fall beeinflusst diese Verzögerung die zu überwachende Eigenschaft bzw. die Korrektheit des Systems. Diese Arbeit verfolgt daher den Grundsatz, dass die Monitore keine zusätzlichen Nachrichten versenden und somit nicht direkt miteinander kommunizieren. Stattdessen werden die benötigten Informationen an die Nachrichten angehängt, die das zu untersuchende System bereits von sich aus versendet.

1.1 Verwandte Arbeiten

Andreas Bauer und Yliès Falcone stellen in [3] eine Variante von LTL für verteilte Systeme vor, bei denen die einzelnen Agenten über einen synchronen Bus kommunizieren. Dabei wird eine Formel schrittweise ausgewertet, in dem sie in jedem synchronen Schritt des Gesamtsystems von genau einem Agenten evaluiert wird. Dieser verschickt die im nächsten Schritt noch weiter auszuwertende Teilformel anschließend an den nächsten Agenten. Ein Agent wertet die ihm zugeordneten Propositionen in der Formel aus, die er mit einem konkreten Wert belegen kann, und stellt den übrigen Propositionen in der Formel einen Previous-Operator voran, um die exakte Semantik zu erhalten. Die Proposition mit den meisten vorangestellten Previous-Operatoren muss am dringendsten evaluiert werden, sodass auf diese Weise definiert wird, an welchen Agenten die so erhaltene Formel weitergereicht wird. Dieses Konzept basiert essenziell auf den synchronen Schritten des Gesamtsystems, da nur so die Ergänzung der Previous-Operatoren synchron erfolgen kann. Somit kommt diese Lösung für die in dieser Arbeit betrachteten asynchronen verteilten Systeme nicht in Frage.

Grigore Roşu und andere stellen in [38] die verteilte Temporallogik ptDTL vor, die ptLTL erweitert. Dabei wird in der Logik der zusätzliche Operator @ eingeführt, der angibt, auf welchem Agenten eine Teilformel ausgewertet werden soll. Die Monitorkonstruktion für diese Logik verwendet einen Knowledge-Vektor, der an die im System versendeten Nachrichten angehängt wird. Die Formel wird entsprechend der Angaben in den enthaltenen @-Operatoren in Monitore auf den beteiligten Agenten übersetzt. In diesen Monitoren werden die anderen Teilformeln eingebunden, indem die Ausgaben entfernter Monitore wie zusätzliche Propositionen behandelt werden. In [39] erweitern die gleichen Autoren das Konzept auf Multithreading-Anwendungen. Da der Fokus dieser Arbeit auf verteilten eingebetteten Systemen liegt, wird diese Erweiterung allerdings nicht weiter verfolgt.

Das in dieser Arbeit verwendete Modell eines asynchronen verteilten Systems entspricht dem für die Definition von ptDTL verwendeten Modell. Ebenfalls aus dieser Quelle wird die Idee übernommen, die Auswertung einer entfernten Teilformel in der lokalen Formel als Proposition einzubinden. Dieses Prinzip wird in dieser Arbeit als Grundlage der verteilten Temporallogik DTL verwendet, sodass ptDTL darin enthalten ist. Die Idee des Knowledge-Vektors wird schließlich in der Monitorkonstruktion für DTL wieder aufgegriffen.

Torben Scheffel wendet das Prinzip von ptDTL in [36] auf dreiwertige Logiken an und entfernt so die Beschränkung auf temporale Vergangenheitsoperatoren. Auf diese Weise vergrößert er die Menge der mit verteilter Laufzeitverifikation monitorbaren Eigenschaften erheblich. Er kombiniert dazu die Idee der Semantik und der Monitorkonstruktion von ptDTL mit der LTL_3-Monitorkonstruktion aus [2] zu einer neuen verteilten Temporallogik (fDTL) und einer synchronisierten Variante dieser Logik (fSDTL). Beide werden in dieser Arbeit ausführlich beschrieben und in DTL integriert. Bisher ist lediglich für fSDTL ein Automatenmodell bekannt, das auf einem unendlichen Zustandsraum basiert, der explizit ausgerechnet werden muss. Aus diesem Grunde existiert bislang auch keine praktische Implementierung dieser neuen Logiken und ihrer Monitore. In dieser Arbeit wird ein Automatenmodell für fDTL entwickelt und implementiert und eine Approximation vorgeschlagen, um das Problem des unendlichen Zustandsraumes im fSDTL-Automatenmodell zu umgehen.

1.2 Aufbau der Arbeit

Neben dieser Einleitung und der Zusammenfassung am Ende gliedert sich diese Arbeit in die folgenden drei Kapitel.

Kapitel 2   führt zunächst in die lineare Temporallogik und ihre für diese Arbeit wichtigen Varianten ein. Dabei wird insbesondere die Monitorbarkeit von temporallogischen Eigenschaften und in diesem Zusammenhang die Hierarchie der temporalen Sprachen betrachtet, um die Erweiterung des Prinzips von ptDTL auf dreiwertige Semantiken zu motivieren. Auf diesen Grundlagen aufbauend wird dann die im Rahmen dieser Arbeit neu entwickelte verteilte Temporallogik DTL definiert und dargestellt, wie fDTL und fSDTL in dieser Logik verwendet werden können.

Kapitel 3   beschreibt die Monitorkonstruktionen für die in dieser Arbeit behandelten Logiken. Die aus der Literatur bekannten Monitore für ptLTL und LTL$_3$ werden in der Notation dieser Arbeit als Grundlage wiedergegeben. In den folgenden Abschnitten werden darauf aufbauend die neu entwickelten Monitorkonstruktionen und Automatenmodelle für DTL, fDTL und fSDTL vorgestellt.

Kapitel 4   betrachtet nach einer kurzen Vorstellung der verwendeten Plattform LEGO Mindstorms zunächst die Annotationen, die angeben, wie während der Ausführung die Werte der Propositionen berechnet und die Zustände der Monitore generiert werden. Danach werden die Details des Scala-Programms präsentiert, das diese Annotation in Monitore im C-Code umsetzt. Es folgen zwei Fallstudien mit vollständigen Beispielen, wie die implementierte Laufzeitverifikation praktisch eingesetzt wird. Abschließend wird mit Benchmark-Tests der Mehraufwand durch das Monitoring untersucht.

2 Logiken

In diesem Kapitel werden die in dieser Arbeit verwendeten Logiken betrachtet. Dazu werden zunächst einige Grundlagen definiert und Schreibweisen festgelegt, um dann die Lineare Temporallogik (LTL) einführen zu können. Im Zusammenhang mit der Monitorbarkeit von temporallogischen Eigenschaften wird dann LTL_3 als dreiwertige Variante von LTL betrachtet, die für die Laufzeitverifikation besser geeignet ist. Im wichtigsten Abschnitt dieses Kapitels wird eine allgemeine verteilte Temporallogik vorgestellt, die sich auf die bereits betrachteten Logiken bezieht. Um auch LTL_3 in dieser neuen Logik verwenden zu können, wird LTL_3 im Folgenden auf dreiwertige Propositionen erweitert. Schließlich wird mit fSDTL das Konzept von Synchronisationsaktionen vorgestellt, mit deren Hilfe die Menge der monitorbaren Eigenschaften auf verteilten Systemen weiter vergrößert werden kann.

2.1 Grundlagen

Die folgenden Grundlagen orientieren sich an [21] und geben die aus der Literatur bekannte Definition eines Verbandes an, um den dreiwertigen Verband $\mathbb{B}_3$ einzuführen. Die folgenden Abschnitte definieren Alphabet, Wort und Sprache.

2.1.1 Verbände

In diesem Kapitel wird es insbesondere auch um dreiwertige Logiken gehen, die neben den Wahrheitswerten true und false noch einen weiteren Wahrheitswert ? verwenden. Um logische Ausdrücke mit mehr als zwei Wahrheitswerten zu formalisieren, definieren wir den Begriff des Verbands und darauf aufbauend den Wahrheitsbereich.

Definition 2.1 (Verband, [14]). Ein Verband $(M, \sqsubseteq)$ besteht aus einer Menge M und einer Halbordnungsrelation $\sqsubseteq$, sodass für alle $x, y \in M$ eine *eindeutige größte untere Schranke* $x \sqcap y$ und eine *eindeutige kleinste obere Schranke* $x \sqcup y$ existiert. $x \sqcap y$ wird dabei als *Meet* von x und y und $x \sqcup y$ als *Join* von x und y bezeichnet. Ein Verband ist endlich, wenn die Menge M endlich ist.

Jeder endliche Verband enthält zwei wohldefinierte eindeutige Elemente: Ein *kleinstes Element* $\bot$ und ein *größtes Element* $\top$. $\bot$ wird dabei als *Bottom* und $\top$ als *Top* bezeichnet.

Ein Verband ist *distributiv* g. d. w. für alle Elemente $x, y, z \in M$

$$x \sqcap (y \sqcup z) = (x \sqcap y) \sqcup (x \sqcap z) \text{ und}$$
$$x \sqcup (y \sqcap z) = (x \sqcup y) \sqcap (x \sqcup z) \text{ gilt.}$$

In einem *De Morganschen Verband* existiert für jedes Element $x \in M$ ein wohldefiniertes eindeutiges duales Element $\overline{x}$, sodass

$$\overline{\overline{x}} = x \text{ gilt und } x \sqsubseteq y \text{ die Beziehung } y \sqsubseteq x \text{ impliziert.}$$

Ein *Wahrheitsbereich* ist ein distributiver endlicher Verband. Wenn die Halbordnungsrelation aus dem Kontext ersichtlich ist, wird die Menge M als verkürzte Schreibweise für den Verband verwendet.

In dieser Arbeit werden die in Abbildung 2.1 auf der nächsten Seite dargestellten Wahrheitsbereiche

$$\mathbb{B}_2 = \{\bot, \top\} \text{ und}$$
$$\mathbb{B}_3 = \{\bot, ?, \top\}$$

verwendet. Dabei gilt für die Dualität

$$\overline{\top} = \bot, \overline{?} = ? \text{ und } \overline{\bot} = \top.$$

Abb. 2.1 Hasse-Diagramme der Wahrheitsbereiche $\mathbb{B}_2$ und $\mathbb{B}_3$. In Hasse-Diagrammen werden Halbordnungsrelationen auf endlichen Mengen dargestellt. Für $x, y \in M$ existiert genau dann eine Kante vom Knoten x *aufwärts* zum Knoten y, wenn $x \sqsubseteq y$ gilt, aber kein $z \in M$ mit $x \sqsubseteq y \sqsubseteq z$ existiert.

2.1.2 Alphabet

In dieser Arbeit werden Logiken über (potenziell unendlichen) Folgen von diskreten Zuständen untersucht. In einem Zustand wird dabei jeder Proposition ein Wahrheitswert aus dem zugehörigen Wahrheitsbereich zugewiesen. Das Alphabet enthält dabei die Menge aller möglichen Zustände.

Definition 2.2 (Menge aller möglichen Belegungen). Für zwei Mengen M und B definieren wir

$$B^M = \{a \mid a : M \to B\}$$

als die *Menge aller möglichen Belegungen*. Dabei wird jedes Element aus der Grundmenge M mit einem Wert aus B belegt.

Bemerkung 2.3. Die Notation B^M ist dabei an die Potenzmenge angelehnt. Es gilt auch hier

$$|B^M| = |B|^{|M|}.$$

Es sei AP die Menge der atomaren Propositionen. Wir verwenden als Alphabet die Menge $\Sigma = \mathbb{B}_2{}^{\mathrm{AP}}$ aller möglichen Belegungen der atomaren Propositionen, da sich dieses Alphabet intuitiv auf den dreiwertigen Verband $\mathbb{B}_3$ erweitern lässt (vgl. Abschnitt 2.8 auf Seite 38). Um einen Zustand $a \in \Sigma$ aus dem Alphabet $\Sigma = \mathbb{B}_2{}^{\mathrm{AP}}$ explizit anzugeben, benutzen wir die Notation

$$a = \{p \mapsto b \mid p \in \mathrm{AP} \wedge b = a(p)\}.$$

In der Literatur wird stattdessen meist die Potenzmenge $\Sigma' = 2^{\mathrm{AP}}$ als Alphabet eingesetzt. Für einen Zustand $a \in \Sigma$ existiert dabei ein korrespondierender Zustand $a' \in \Sigma'$, sodass gilt

$$\forall p \in \mathrm{AP} : p \in a' \Leftrightarrow a(p) = \top.$$

Beispiel 2.4 (Alphabet). Es sei $\mathrm{AP} = \{p, q\}$ die Menge der atomaren Propositionen. Dann gilt

$$\Sigma = \mathbb{B}_2{}^{\mathrm{AP}} = \{\{p \mapsto \bot, q \mapsto \bot\}, \{p \mapsto \bot, q \mapsto \top\},$$
$$\{p \mapsto \top, q \mapsto \bot\}, \{p \mapsto \top, q \mapsto \top\}\}$$
$$\Sigma' = 2^{\mathrm{AP}} = \{\emptyset, \{q\}, \{p\}, \{p, q\}\}.$$

Die Elemente des Alphabets Σ sind dabei in der gleichen Reihenfolge wie die korrespondierenden Elemente des Alphabets Σ' angegeben.

2.1.3 Wort

Eine (potenziell unendliche) Folgen von diskreten Zuständen wird als Wort bezeichnet. Die einzelnen Zustände aus dem Alphabet werden dann Zeichen des Wortes genannt: Ein Wort $w \in \Sigma^*$ ist eine endliche Folge von Zeichen aus dem Alphabet Σ. Ein nichtleeres Wort $w \in \Sigma^+$ ist eine nichtleere endliche Folge von Zeichen aus dem Alphabet Σ. Ein unendliches Wort $w \in \Sigma^\omega$ ist eine unendliche Folge von Zeichen aus dem Alphabet Σ. Dabei bezeichnen
- $|w|$ die Länge des Wortes und
- w_i das i-te Zeichen des Wortes, wobei das Wort mit w_0 beginnt.

Ein punktiertes Wort (w, i) mit $w \in \Sigma^\omega$ und $i \in \mathbb{N}$ ist ein Tupel aus einem Wort und einer Position in diesem Wort. Bei dem Wort w in diesem Tupel kann es sich um ein endliches oder ein unendliches Wort handeln. Für endliche Worte sind allerdings keine Positionen nach dem Ende des Worts erlaubt, es muss also $0 \leq i < |w|$ gelten. Punktierte Worte werden in dieser Arbeit anstelle von Teilworten verwendet, damit auch in einer induktiv angegebenen Semantik immer das ganze Wort zur Verfügung steht.

Für zwei Worte $w, w' \in \Sigma^*$ bezeichne $ww' \in \Sigma^*$ die Konkatenation auf endlichen Worten. Analog bezeichnet für $w \in \Sigma^*$ und $w' \in \Sigma^\omega$ die Schreibweise $ww' \in \Sigma^\omega$ die Konkatenation eines endlichen und eines unendlichen Wortes.

2.1.4 Sprache

Mengen von Worten über einem gemeinsamen Alphabet werden (formale) Sprachen genannt. In dieser Arbeit enthalten die Mengen dabei entweder nur endliche oder nur unendliche Worte. Man spricht von Sprachen auf endlichen bzw. unendlichen Worten.

Eine Sprache $L \subseteq \Sigma^*$ auf endlichen Worten ist eine Menge von endlichen Worten über dem Alphabet Σ. Eine Sprache $L \subseteq \Sigma^\omega$ auf unendlichen Worten ist dementsprechend eine Menge von unendlichen Worten über dem Alphabet Σ. Schnitt und Vereinigung auf Sprachen sind die bekannten Mengenoperationen. Das Komplement

$$\overline{L} = \Sigma^* \backslash L$$

enthält alle Worte, die die Sprache nicht enthält. Die Kleenesche Hülle

$$L^* = \{u_1 u_2 \ldots u_n \mid n \in \mathbb{N}, \forall i : u_i \in L\}$$

enthält alle Worte, die aus endlich vielen Konkatenationen von Worten aus L bestehen. Für zwei Sprachen L_1 und L_2 enthält die Konkatenation

$$L_1 \circ L_2 = \{vw \mid v \in L_1, w \in L_2\}$$

alle Worte, die aus einem Wort aus L_1 gefolgt von einem Wort aus L_2 zusammengesetzt sind.

Jedes Alphabet ist gleichzeitig auch eine Sprache auf endlichen Worten: Die Sprache $\Sigma \subseteq \Sigma^*$ über dem Alphabet Σ enthält alle Worte der Länge 1 aus Σ^*. Dabei wird ein Zeichen mit der entsprechenden einelementigen Folge identifiziert.

2.2 Lineare Temporallogik (LTL)

Die Lineare Temporallogik (engl. Linear Temporal Logic, LTL) wurde 1977 von Amir Pnueli in [30] vorgestellt. Sie wird heute meist in einer etwas abgewandelten Form verwendet, die im Folgenden vorgestellt wird.

Definition 2.5 (LTL-Syntax, [30, 21]). Sei $p \in AP$ eine atomare Proposition. Dann erfüllt eine LTL-Formel φ die folgende Grammatik in Backus-Naur-Form (BNF).

$$\varphi ::= \text{true} \quad | \; p \quad | \; \varphi \lor \varphi \; | \; O\varphi \quad | \; \varphi \mathcal{U} \varphi \; | \; \neg \varphi \; |$$
$$\text{false} \quad | \; \neg p \; | \; \varphi \land \varphi \; | \; O_w \varphi \; | \; \varphi \mathcal{R} \varphi \; |$$
$$\varphi \to \varphi \; | \; \Diamond \varphi \; | \; \Box \varphi \quad | \; \varphi \mathcal{W} \varphi$$

Dabei reicht die erste Zeile aus, um eine Syntax mit minimaler Anzahl Operatoren und maximaler Ausdrucksstärke anzugeben. Ohne den Negationsoperator für allgemeine Formeln φ werden die erste und die zweite Zeile mit den dualen Operatoren benötigt, um die maximale Ausdrucksstärke zu erreichen. Die Operatoren der letzten Zeile werden nur für abkürzende Schreibweisen benötigt.

Eine andere mögliche Einteilung unterscheidet die Teilformeln in die aussagenlogischen und die temporallogischen. Die aussagenlogischen Teilformeln bestehen dabei nur aus Propositionen, Wahrheitswerten (true oder false), deren Negation ($\neg$), deren konjunktiver und disjunktiver Verknüpfung ($\land$ und $\lor$) und der Implikation ($\to$). Teilformeln dieser Art beschreiben nur einen Zustand. Alle anderen Operatoren sind temporallogische Operatoren und beschreiben die zeitliche Beziehung zwischen den Zuständen.

Definition 2.6 (Negationsnormalform, NNF, [21]). Eine LTL-Formel φ ist in *Negationsnormalform (NNF)*, wenn der Negationsoperator nur direkt vor Propositionen verwendet wird.

Die Semantik von LTL wird über punktierten Worten (w, i) mit $w \in \Sigma^\omega$ und $i \in \mathbb{N}$ definiert. Ein Zeichen $w_i \in \Sigma$ entspricht dabei einem Zustand in der Ausführung eines Systems. Mit $\Sigma = \mathbb{B}_2{}^{AP}$ wird in jedem Zustand allen atomaren Propositionen aus der Menge AP je ein Wahrheitswert aus $\mathbb{B}_2$ zugewiesen.

Definition 2.7 (LTL-Semantik, [30, 21]). Es seien $\varphi, \psi \in$ LTL Formeln, $p \in$ AP eine atomare Proposition, $\Sigma = \mathbb{B}_2{}^{AP}$ das Alphabet und $w \in \Sigma^\omega$ ein unendliches Wort. Die Semantikfunktion $[\![(\cdot, \cdot) \models \cdot]\!]_{\text{LTL}} : \Sigma^\omega \times \mathbb{N} \times \text{LTL} \to \mathbb{B}_2$ ist dann induktiv gegeben durch

$$[\![(w, i) \models \text{true}]\!]_{\text{LTL}} = \top$$
$$[\![(w, i) \models p]\!]_{\text{LTL}} = w_i(p)$$
$$[\![(w, i) \models \neg \varphi]\!]_{\text{LTL}} = \overline{[\![(w, i) \models \varphi]\!]_{\text{LTL}}}$$
$$[\![(w, i) \models \varphi \lor \psi]\!]_{\text{LTL}} = [\![(w, i) \models \varphi]\!]_{\text{LTL}} \sqcup [\![(w, i) \models \psi]\!]_{\text{LTL}}$$
$$[\![(w, i) \models O\varphi]\!]_{\text{LTL}} = [\![(w, i+1) \models \varphi]\!]_{\text{LTL}}$$
$$[\![(w, i) \models \varphi \mathcal{U} \psi]\!]_{\text{LTL}} =$$

$$\begin{cases} \top & \text{wenn } \exists k \geq i : [\![(w,k)]\!] \models \psi]\!]_{\text{LTL}} = \top \\ & \text{und } \forall \ell : i \leq \ell < k \Rightarrow [\![(w,\ell)]\!] \models \varphi]\!]_{\text{LTL}} = \top \\ \bot & \text{sonst} \end{cases}$$

Ein Wort $w \in \Sigma^\omega$ erfüllt eine LTL-Formel φ genau dann, wenn $[\![(w,0)]\!] \models \varphi]\!]_{\text{LTL}} = \top$ gilt. Die zugehörige Sprache

$$\mathcal{L}(\varphi) = \{w \mid [\![(w,0)]\!] \models \varphi]\!]_{\text{LTL}} = \top\}$$

enthält alle Worte, die die Formel φ erfüllen.

Analog zur LTL-Semantik auf unendlichen Worten kann man auch eine FLTL-Semantik auf endlichen Worten definieren.

Definition 2.8 (FLTL-Semantik, [25, 21]). Die Semantikfunktion

$$[\![(\cdot,\cdot)]\!] \models \cdot]\!]_{\text{FLTL}} : \Sigma^* \times \mathbb{N} \times \text{LTL} \to \mathbb{B}_2$$

entspricht bis auf die folgenden Anpassungen der Semantikfunktion von LTL.

$$[\![(w,i)]\!] \models \bigcirc \varphi]\!]_{\text{FLTL}} = \begin{cases} [\![(w,i+1)]\!] \models \varphi]\!]_{\text{FLTL}} & \text{wenn } i+1 < |w| \\ \bot & \text{sonst} \end{cases}$$

$$[\![(w,i)]\!] \models \varphi \mathcal{U} \psi]\!]_{\text{FLTL}} =$$
$$\begin{cases} \top & \text{wenn } \exists k : i \leq k < |w| \wedge [\![(w,k)]\!] \models \psi]\!]_{\text{FLTL}} = \top \\ & \text{und } \forall \ell : i \leq \ell < k \Rightarrow [\![(w,\ell)]\!] \models \varphi]\!]_{\text{FLTL}} = \top \\ \bot & \text{sonst} \end{cases}$$

Zwei Formeln sind äquivalent bzgl. einer Semantik, wenn die Semantikfunktion für alle Worte die gleiche Ausgabe hat.

Die folgende Fixpunktäquivalenz wird in der Monitorkonstruktion implizit verwendet, um temporale LTL-Operatoren schrittweise auszuwerten.

Lemma 2.9 (Fixpunktäquivalenz des Until-Operators, [30, 21]). *Für zwei LTL-Formeln φ und ψ und ein Alphabet Σ gilt bezüglich LTL- und FLTL-Semantik: Die Sprache $\mathcal{L}(\varphi \mathcal{U} \psi)$ ist der kleinste Fixpunkt der Funktion $f : 2^{\Sigma^*} \to 2^{\Sigma^*}$ mit*

$$f(M) = \mathcal{L}(\psi) \cup (\mathcal{L}(\varphi) \cap \Sigma \circ M).$$

Damit folgt die Äquivalenz

$$\varphi \mathcal{U} \psi \equiv \psi \vee (\varphi \wedge \bigcirc(\varphi \mathcal{U} \psi)).$$

Beweis. Die Funktion f ist stetig, denn für zwei Sprachen $L_1, L_2 \subseteq \Sigma^*$ gilt

$$
\begin{aligned}
f(L_1 \cup L_2) &= \mathcal{L}(\psi) \cup (\mathcal{L}(\varphi) \cap (\Sigma \circ L_1 \cup \Sigma \circ L_2)) \\
&= \mathcal{L}(\psi) \cup \mathcal{L}(\varphi) \cap \Sigma \circ L_1 \cup \mathcal{L}(\varphi) \cap \Sigma \circ L_2 \\
&= f(L_1) \cup f(L_2).
\end{aligned}
$$

Es sei M^* der kleinste Fixpunkt von f, sodass gilt

$$f(M^*) = M^*.$$

Mit der Stetigkeit von f und dem Fixpunktsatz von Tarski und Knaster (vgl. [42]) folgt

$$M^* = \bigcup_{i \in \mathbb{N}} f^i(\emptyset).$$

Damit können wir nun $M^* = \mathcal{L}(\varphi \mathcal{U} \psi)$ zeigen. Sei dazu $w \in M^*$ ein Wort aus dem Fixpunkt und $k \in \mathbb{N}$ minimal mit

$$w \in f^{k+1}(\emptyset) = f^k(\mathcal{L}(\psi)).$$

Dann existiert ein Wort $w' \in \mathcal{L}(\psi)$ und Zeichen $a_0, a_1, \dots, a_{k-1} \in \Sigma$ mit

$$\forall \ell < k : a_\ell a_{\ell-1} \dots a_0 w' \in \mathcal{L}(\varphi),$$

sodass

$$w = a_{k-1} a_{k-2} \dots a_0 w'$$

gilt. Daraus folgt

$$[\![(w, k)]\!] \models \psi]\!]_{\mathrm{LTL}} = \top \text{ und } \forall \ell < k : [\![(w, \ell)]\!] \models \varphi]\!]_{\mathrm{LTL}} = \top$$

bzw.

$$[\![(w, k)]\!] \models \psi]\!]_{\mathrm{FLTL}} = \top \text{ und } \forall \ell < k : [\![(w, \ell)]\!] \models \varphi]\!]_{\mathrm{FLTL}} = \top.$$

Schließlich ergibt sich

$$[\![(w, 0)]\!] \models \varphi \mathcal{U} \psi]\!]_{\mathrm{LTL}} = \top \text{ bzw. } [\![(w, 0)]\!] \models \varphi \mathcal{U} \psi]\!]_{\mathrm{FLTL}} = \top$$

und damit

$$w \in \mathcal{L}(\varphi \, \mathcal{U} \, \psi).$$

Für die Rückrichtung sei $w \in \mathcal{L}(\varphi \, \mathcal{U} \, \psi)$. Dann existieren analog zur Hinrichtung ein $k \in \mathbb{N}$, ein Wort $w' \in \mathcal{L}(\psi)$ und Zeichen $a_0, a_1, \ldots, a_{k-1} \in \Sigma$ mit

$$\forall \ell < k : a_\ell a_{\ell-1} \ldots a_0 w' \in \mathcal{L}(\varphi),$$

sodass man $w \in f^k(\{w'\}) \subseteq M^*$ zeigen kann. $\square$

Über die Dualität der Operatoren erhalten wir direkt die folgende Aussage: Die Sprache $\mathcal{L}(\varphi \, \mathcal{R} \, \psi)$ ist der größte Fixpunkt einer analogen Funktion $f : 2^{\Sigma^*} \to 2^{\Sigma^*}$ mit

$$f(M) = \mathcal{L}(\psi) \cap (\mathcal{L}(\varphi) \cup \Sigma \circ M).$$

Die weiteren LTL-Operatoren lassen sich wie in der Literatur üblich durch die folgenden Äquivalenzen definieren.

Definition 2.10 (Weitere Operatoren, [30, 21]). Es gilt für die dualen Operatoren

$$\text{false} :\equiv \neg \, \text{true}$$
$$\varphi \wedge \psi :\equiv \neg(\neg \varphi \vee \neg \psi)$$
$$\bigcirc_{\mathrm{w}} \varphi :\equiv \neg \bigcirc \neg \varphi$$
$$\varphi \, \mathcal{R} \, \psi :\equiv \neg(\neg \varphi \, \mathcal{U} \, \neg \psi)$$

Darüber hinaus gilt für die folgenden zusätzlichen Operatoren

$$\varphi \to \psi :\equiv \neg \varphi \vee \psi$$
$$\Diamond \varphi :\equiv (\text{true} \, \mathcal{U} \, \varphi)$$
$$\Box \varphi :\equiv (\text{false} \, \mathcal{R} \, \varphi)$$
$$\varphi \, \mathcal{W} \, \psi :\equiv (\Box \varphi) \vee (\varphi \, \mathcal{U} \, \psi)$$

Mit der Semantik dieser dualen Operatoren ergibt sich:

Lemma 2.11 (Umwandlung in NNF, [21]). *Jede LTL-Formel kann in eine äquivalente LTL-Formel in NNF umgewandelt werden.*

Beweis. Die Aussage ergibt sich durch iterierte Substitution des Negationsoperators durch duale Operatoren, bis der Negationsoperator nur noch direkt vor atomaren Propositionen verwendet wird.   □

2.3 Lineare Temporallogik mit Vergangenheitsoperatoren (ptLTL)

Eine Variante von LTL ist die Lineare Temporallogik mit Vergangenheitsoperatoren (engl. past time Linear Temporal Logic, ptLTL), die bereits in [30] enthalten ist. Der Unterschied zu LTL liegt in der Semantik der temporalen Operatoren. In LTL betrachten diese das aktuelle und folgende Zeichen des Wortes. In ptLTL betrachten die temporalen Vergangenheitsoperatoren stattdessen das aktuelle und die vorherigen Zeichen. Zu jedem temporalen Operator aus LTL existiert ein entsprechender temporaler Vergangenheitsoperatoren in ptLTL. Dieser Abschnitt betrachtet die Syntax und Semantik von ptLTL, da die Vergangenheitsoperatoren bei der intuitiven Definition von Eigenschaften für verteilte Systeme sehr praktisch sein werden.

Definition 2.12 (ptLTL-Syntax, [30, 21]). Sei $p \in$ AP eine atomare Proposition. Dann erfüllt eine ptLTL-Formel φ die folgenden Grammatik in Backus-Naur-Form (BNF).

$$\varphi ::= \text{true} \quad | \; p \quad | \; \varphi \vee \varphi \; | \; \ominus \varphi \quad | \; \varphi \, \mathcal{S} \, \varphi \; | \; \neg \varphi \; |$$
$$ \text{false} \quad | \; \neg p \; | \; \varphi \wedge \varphi \; | \; \odot \varphi \quad | \; \varphi \, \mathcal{T} \, \varphi \; |$$
$$ \varphi \rightarrow \varphi \; | \; \diamondsuit \varphi \; | \; \boxminus \varphi \quad | \; \varphi \, \mathcal{B} \, \varphi$$

Die ptLTL-Syntax ist komplett analog zur LTL-Syntax aus Definition 2.5 auf Seite 11 aufgebaut. Entsprechend enthält auch hier die erste Zeile die für die volle Ausdrucksstärke mindestens benötigten Operatoren. In der zweiten Zeile befinden sich die dualen Operatoren und in der dritten Zeile zusätzliche Operatoren. Im Gegensatz zu LTL benötigen wir für ptLTL aufgrund einer anderen Monitorkonstruktion die NNF aber nicht.

ptLTL wird wie LTL über Worten definiert, allerdings über endlichen Worten, da die Auswertung einer ptLTL-Formel vom letzten Zeichen eines Wortes ausgeht. Eine Proposition muss also nicht im ersten Zeichen w_0 des Wortes w, sondern im letzten Zeichen $w_{|w|-1}$ enthalten sein. Die Bedeutung des punktierten Wortes ändert sich entsprechend. (w, i) ist keine Markierung des Zeichens w_i und der folgenden Zeichen, sondern eine Markierung des Zeichens $w_{|w|-i-1}$ und der vorherigen Zeichen.

Definition 2.13 (ptLTL-Semantik, [30, 21]). Es seien wie üblich $\varphi, \psi \in$ ptLTL Formeln, $p \in$ AP eine atomare Proposition und $w \in \Sigma^*$ ein endliches Wort. Die Semantikfunktion $[\![(\cdot, \cdot) \models \cdot]\!]_{\text{ptLTL}} : \Sigma^* \times \mathbb{N} \times \text{ptLTL} \to \mathbb{B}_2$ ist dann induktiv gegeben durch

$$[\![(w, i) \models \text{true}]\!]_{\text{ptLTL}} = \top$$

$$[\![(w, i) \models p]\!]_{\text{ptLTL}} = w_{|w|-i-1}(p)$$

$$[\![(w, i) \models \neg \varphi]\!]_{\text{ptLTL}} = \overline{[\![(w, i) \models \varphi]\!]_{\text{ptLTL}}}$$

$$[\![(w, i) \models \varphi \vee \psi]\!]_{\text{ptLTL}} = [\![(w, i) \models \varphi]\!]_{\text{ptLTL}} \sqcup [\![(w, i) \models \psi]\!]_{\text{ptLTL}}$$

$$[\![(w, i) \models \ominus \varphi]\!]_{\text{ptLTL}} = \begin{cases} [\![(w, i+1) \models \varphi]\!]_{\text{ptLTL}} & \text{wenn } i+1 < |w| \\ \bot & \text{sonst} \end{cases}$$

$$[\![(w, i) \models \varphi \mathcal{S} \psi]\!]_{\text{ptLTL}} =$$
$$\begin{cases} \top & \text{wenn } \exists k : i \leq k < |w| \wedge [\![(w, k) \models \psi]\!]_{\text{ptLTL}} = \top \\ & \text{und } \forall \ell : i \leq \ell < k \Rightarrow [\![(w, \ell) \models \varphi]\!]_{\text{ptLTL}} = \top \\ \bot & \text{sonst} \end{cases}$$

Durch die Anpassung der Bedeutung des punktierten Wortes erfüllt ein Wort $w \in \Sigma^*$ auch eine ptLTL-Formel ebenfalls genau dann, wenn $[\![(w, 0) \models \varphi]\!]_{\text{ptLTL}}$ gilt.

Die ptLTL-Semantik funktioniert komplett analog zur FLTL-Semantik. Daher entspricht die Mächtigkeit von ptLTL genau der Mächtigkeit von FLTL, denn für die Mächtigkeit ist nicht relevant, von welcher Seite aus ein Wort ausgewertet wird. Beide Semantiken haben gerade die Mächtigkeit von Stern-freien Sprachen auf endlichen Worten (vgl. [11]). Es handelt sich also um Sprachen, die durch reguläre Ausdrücke ohne den Kleene-Operator beschrieben werden können. Derartige Sprachen werden aufgebaut aus Sprachen bestehend aus nur einem Wort der Länge 1, die durch die Operatoren der Konkatenation, Vereinigung und Komplementierung zusammengesetzt werden. Intuitiv erkennt man, dass derartige reguläre Ausdrücke auf endlichen Worten leicht gespiegelt werden können.

Diese Arbeit wird in den Abschnitten über verteilte Temporallogik viele Ideen der verteilten Temporallogik ptDTL aus [38] verwenden. ptDTL basiert mit einem Unterschied auf dem hier vorgestellten ptLTL. Zur besseren Unterscheidbarkeit bezeichnen wir die Grundlage von ptDTL in diesem Abschnitt mit ptDTL$^\#$. In ptDTL$^\#$ ist der Previous-Operator $\ominus$ anders als in dieser Arbeit nicht analog zum Next-Operator $\bigcirc$ definiert. Dort gilt für alle Formeln φ die Äquivalenz $\ominus\varphi \equiv \underline{\ominus}\,\varphi$. Weiter gilt dort für ein Wort w und eine beliebige Formel $\varphi \in$ ptLTL

$$[\![(w, |w| - 1) \models \varphi]\!]_{\text{ptDTL}^\#} = [\![(w, |w| - 1) \models \ominus\varphi]\!]_{\text{ptDTL}^\#}.$$

Der Previous-Operator in ptDTL$^\#$ bezieht sich also am Anfang des Wortes auf das erste Zeichen des Wortes.

Aus diesem Grund ist die Mächtigkeit der ptDTL$^\#$-Semantik aus [38] gegenüber der Mächtigkeit von FLTL bzw. der hier verwendeten ptLTL-Semantik leicht eingeschränkt. So lässt sich zum Beispiel die in FLTL definierte Sprache $\mathcal{L}(\bigcirc a)$ nicht in ptDTL$^\#$ ausdrücken, da in ptDTL$^\#$ das erste Zeichen nicht erkannt werden kann. Umgekehrt kann allerdings in FLTL das vorletzte Zeichen durch den folgenden Ausdruck gefunden werden:

$$[\![(w, 0) \models \ominus a]\!]_{\text{ptDTL}^\#} = [\![(w, 0) \models \Diamond(a \wedge \bigcirc\bigcirc_{\text{w}} \text{false})]\!]_{\text{FLTL}}.$$

Bemerkung 2.14. Die Sprache $\mathcal{L}(a)$ taugt nicht als Beispiel für die unterschiedliche Mächtigkeit der ptDTL$^\#$-Semantik aus [38] und der FLTL-Semantik, da für ptDTL$^\#$ genau wie für ptLTL gilt

$$[\![(w, 0) \models a]\!]_{\text{ptDTL}^\#} = [\![(w, 0) \models \Diamond\Box a]\!]_{\text{FLTL}} \quad \text{und}$$
$$[\![(w, 0) \models a]\!]_{\text{FLTL}} = [\![(w, 0) \models \underline{\Diamond}\,\underline{\Box}\,a]\!]_{\text{ptDTL}^\#}.$$

Die Äquivalenz aus Lemma 2.9 auf Seite 13 gilt komplett analog für den Since-Operator $\mathcal{S}$ der hier verwendeten ptLTL-Semantik.

Die weiteren ptLTL-Operatoren lassen sich ebenfalls analog zu LTL durch die folgenden Äquivalenzen definieren.

Definition 2.15 (Weitere Operatoren, [30, 21]). Es gilt für die dualen Operatoren

$$\text{false} :\equiv \neg\,\text{true}$$
$$\varphi \wedge \psi :\equiv \neg(\neg\varphi \vee \neg\psi)$$
$$\underline{\ominus}\,\varphi :\equiv \neg\underline{\ominus}\,\neg\varphi$$
$$\varphi\,\mathcal{T}\,\psi :\equiv \neg(\neg\varphi\,\mathcal{S}\,\neg\psi)$$

Darüber hinaus gilt für die folgenden zusätzlichen Operatoren

$$\varphi \rightarrow \psi :\equiv \neg\varphi \vee \psi$$

$$\Diamond \varphi :\equiv (\text{true}\, \mathcal{S}\, \varphi)$$

$$\boxminus \varphi :\equiv (\text{false}\, \mathcal{T}\, \varphi)$$

$$\varphi\, \mathcal{B}\, \psi :\equiv (\boxminus \varphi) \vee (\varphi\, \mathcal{S}\, \psi)$$

Neben der Verwendung von ptLTL als eigene Logik können auch LTL (und FLTL) um die Vergangenheitsoperatoren erweitert werden. Dazu muss die hier angegebene ptLTL-Semantik lediglich formal derart angepasst werden, dass die Bedeutung eines punktierten Wortes synchronisiert wird.

2.4 Unvoreingenommene (impartial) Antizipation

Um die Tauglichkeit verschiedener LTL-Semantiken für die Laufzeitverifikation zu betrachten, definiert dieser Abschnitt das Konzept der unvoreingenommenen Antizipation. In der Laufzeitverifikation betrachtet ein Monitor ein endliches Präfix einer unendlichen Ausführung. Dieses Präfix wird im Lauf des Monitorings immer länger. Ein solcher Monitor soll nach [21] den beiden Prinzipien der Unvoreingenommenheit und der Antizipation genügen.

2.4.1 Unvoreingenommene (impartial) Semantikfunktionen

Eine Semantikfunktion ist unvoreingenommen, wenn sie nicht vorschnell zu falschen Schlüssen gelangt. Eine Semantikfunktion darf also als Auswertung für ein Präfix nur dann eine endgültige Aussage liefern, wenn ausgeschlossen ist, dass sie diese Aussage bei einer Verlängerung des Präfixes zurücknehmen muss. Da beim Monitoring eines laufendes Systems immer nur ein endliches Präfix eines unendlichen Laufes betrachtet werden kann, ist die Unvoreingenommenheit des Monitors eine wichtige Forderung. Andernfalls wüsste man bei einer Ausgabe des Monitors nie, ob sich diese nicht noch ändern wird.

Definition 2.16 (Unvoreingenommene Semantikfunktionen, [21] Hier steht noch viel mehr). Sei $w \in \Sigma^*$ ein endliches Wort über dem Alphabet Σ und φ eine Formel. Eine Semantikfunktion $[\![(\cdot, \cdot) \models \cdot]\!]_{\text{TL}} : \Sigma^* \times \mathbb{N} \times \text{TL} \rightarrow B$ für eine temporale Logik TL über einem Wahrheitsbereich B ist genau dann *unvoreingenommen (impartial)*, wenn für alle Worte $u \in \Sigma^*$ und alle

Wahrheitswerte $b \in \{\top, \bot\}$ gilt:

$$[\![(w,0) \models \varphi]\!]_{\mathrm{TL}} = b \text{ impliziert } [\![(wu,0) \models \varphi]\!]_{\mathrm{TL}} = b.$$

Wir bezeichnen die Wahrheitswerte $\top$ und $\bot$ daher auch als *endgültige* Wahrheitswerte.

Direkt aus der Definition für unvoreingenommene Semantikfunktionen ergibt sich, dass alle zweiwertigen Semantiken nicht unvoreingenommen sein können. Aus diesem Grunde betrachten wir im folgenden Abschnitt Semantiken über $\mathbb{B}_3$.

2.4.2 Antizipierende (anticipatory) Semantikfunktionen

Die folgende Definition verlangt für antizipierende Semantikfunktionen, dass für eine Formel ein Wort so früh wie möglich zum endgültige Wahrheitswert ausgewertet wird. So früh wie möglich wird dabei formalisiert als das Präfix des Wortes, ab dem alle nichtleeren Fortsetzungen zum gleichen endgültigen Wahrheitswert ausgewertet werden. Ein Monitor soll dem Prinzip der Antizipation genügen, damit eine Eigenschaft beim Monitoring eines laufenden Systems zum frühest möglichen Zeitpunkt erkannt wird.

Definition 2.17 (Antizipierende Semantikfunktionen, [21]). Sei $w \in \Sigma^*$ ein endliches Wort über dem Alphabet Σ und φ eine Formel. Eine Semantikfunktion $[\![(\cdot, \cdot) \models \cdot]\!]_{\mathrm{TL}} : \Sigma^* \times \mathbb{N} \times \mathrm{TL} \to B$ für eine temporale Logik TL über einem Wahrheitsbereich B ist genau dann *antizipierend (anticipatory)*, wenn für alle Wahrheitswerte $b \in \{\top, \bot\}$ gilt:

$$(\forall u \in \Sigma^+ : [\![(wu,0) \models \varphi]\!]_{\mathrm{TL}} = b) \text{ impliziert } [\![(w,0) \models \varphi]\!]_{\mathrm{TL}} = b.$$

Bemerkung 2.18. Verwendet man Σ^* statt Σ^+ für die Menge alle möglichen Verlängerungen, dann wäre nach dieser Definition jede Semantikfunktion antizipierend, da dann eine Teilmenge der Bedingung impliziert würde und die Aussage immer wahr wäre.

2.5 LTL mit unvoreingenommener Antizipation (LTL₃)

Die FLTL-Semantik ist auf einem zweiwertigem Verband definiert und deswegen nicht für beliebige Formeln unvoreingenommen. Entsprechend ist für endliche Worte eine antizipierende Auswertung mit Semantiken dieser Art nicht möglich. Wir betrachten daher eine Semantik auf dem dreiwertigen Verband $\mathbb{B}_3$. Diese Semantik wird für die verteilte Logik in dieser Arbeit nicht direkt benötigt, sie dient allerdings als Referenz, um die Güte der in Unterabschnitt 3.5.1 auf Seite 78 vorgestellten Approximation zu untersuchen.

Definition 2.19 (FLTL₃-Semantik). Die Semantikfunktion

$$[\![(\cdot,\cdot) \models \cdot]\!]_{\mathrm{FLTL}_3} : \Sigma^* \times \mathbb{N} \times \mathrm{LTL} \to \mathbb{B}_3$$

entspricht bis auf die folgenden Anpassungen der Semantikfunktion von FLTL.

$$[\![(w,i) \models \bigcirc \varphi]\!]_{\mathrm{FLTL}_3} = \begin{cases} [\![(w,i+1) \models \varphi]\!]_{\mathrm{FLTL}_3} & \text{wenn } i+1 < |w| \\ ? & \text{sonst} \end{cases}$$

$$[\![(w,i) \models \varphi \,\mathcal{U}\, \psi]\!]_{\mathrm{FLTL}_3} =$$
$$\begin{cases} \top & \text{wenn } \exists k : i \leq k < |w| \wedge [\![(w,k) \models \psi]\!]_{\mathrm{FLTL}_3} = \top \\ & \text{und } \forall \ell : i \leq \ell < k \Rightarrow [\![(w,\ell) \models \varphi]\!]_{\mathrm{FLTL}_3} = \top \\ \bot & \text{wenn } \exists k : i \leq k < |w| \wedge [\![(w,k) \models \varphi]\!]_{\mathrm{FLTL}_3} = \bot \\ & \text{und } \forall \ell : i \leq \ell \leq k \Rightarrow [\![(w,\ell) \models \psi]\!]_{\mathrm{FLTL}_3} = \bot \\ ? & \text{sonst} \end{cases}$$

In [21] wird stattdessen die FLTL₄-Semantik definiert. Dabei wird statt $\mathbb{B}_3$ der Wahrheitsbereich $\mathbb{B}_4 = \{\bot, \bot^p, \top^p, \top\}$ verwendet. Die Semantiken sind äquivalent, wenn man $\top^p$ und $\bot^p$ zu ? zusammenfasst.

Beispiel 2.20 (Anwendung der FLTL₃-Semantik). Es sei $\Sigma = \mathbb{B}_2^{\mathrm{AP}}$ mit AP $= \{p, q\}$ das Alphabet. Wir betrachten die Zeichen

$$a = \{p \mapsto \top, q \mapsto \bot\},$$
$$b_1 = \{p \mapsto \bot, q \mapsto \top\},$$
$$b_2 = \{p \mapsto \bot, q \mapsto \bot\}$$

und die Formel

$$\varphi = p\, \mathcal{U}\, q.$$

Damit gilt

$$[\![(a, 0) \models \varphi]\!]_{\mathrm{FLTL}_3} = ?,$$
$$[\![(ab_1, 0) \models \varphi]\!]_{\mathrm{FLTL}_3} = \top,$$
$$[\![(ab_2, 0) \models \varphi]\!]_{\mathrm{FLTL}_3} = \bot.$$

Für die Formeln $\psi_1 = \Diamond\,\mathrm{false}$ und $\psi_2 = \Box\,\mathrm{true}$ ist die Ausgabe der FLTL_3-Semantik unabhängig vom Wort immer ?.

Wir sehen an obigem Beispiel, dass die FLTL_3-Semantik zwar unvoreingenommen, aber nicht antizipierend ist. Wir betrachten daher im Folgenden die antizipierende LTL_3-Semantik aus [2] für endliche Worte auf dem dreiwertigen Verband $\mathbb{B}_3$.

Definition 2.21 (LTL_3-Semantik, [2]). Es sei wieder $\varphi \in \mathrm{LTL}$ eine LTL-Formel, $p \in \mathrm{AP}$ eine atomare Proposition und $w \in \Sigma^*$ ein endliches Wort. Die Semantikfunktion $[\![(\cdot, \cdot) \models \cdot]\!]_{\mathrm{LTL}} : \Sigma^* \times \mathbb{N} \times \mathrm{LTL} \to \mathbb{B}_3$ ist dann induktiv gegeben durch

$$[\![(w, i) \models \varphi]\!]_{\mathrm{LTL}_3} = \begin{cases} \top & \text{wenn } \forall w' \in \Sigma^\omega : [\![(ww', i) \models \varphi]\!]_{\mathrm{LTL}} = \top \\ \bot & \text{wenn } \forall w' \in \Sigma^\omega : [\![(ww', i) \models \varphi]\!]_{\mathrm{LTL}} = \bot \\ ? & \text{sonst.} \end{cases}$$

Die unvoreingenommene Antizipation von LTL_3 folgt direkt aus dieser Definition.

Beispiel 2.22. Für ein beliebiges Wort $w \in \Sigma^*$ über einem beliebigen Alphabet Σ gilt

$$[\![(w, 0) \models \Diamond\,\mathrm{false}]\!]_{\mathrm{LTL}_3} = \bot,$$
$$[\![(w, 0) \models \Box\,\mathrm{true}]\!]_{\mathrm{LTL}_3} = \top.$$

Wir sehen in diesem Beispiel, wie LTL_3 sofort zu einer endgültigen Aussage kommt, während FLTL_3 immer nur ? liefert.

2.6 Monitorbarkeit

Bei der Monitorbarkeit einer Sprache L und damit der zugehörigen Formel $\varphi \in$ LTL mit $\mathcal{L}(\varphi) = L$ geht es darum, ob man bereits aus Präfixen von Worten Rückschlüsse darüber ziehen kann, ob sich das Wort in der Sprache befindet. Da man bei der Laufzeitverifikation immer nur endliche Ausführungen von unendlichen Läufen betrachtet, kann man über Eigenschaften, die sich nicht anhand von endlichen Präfixen unterscheiden lassen, keine Aussagen treffen.

Definition 2.23 (Monitorbarkeit nach [2]). Eine Sprache $L \subseteq \Sigma^\omega$ ist *monitorbar*, wenn für jedes endliche Präfix $u \in \Sigma^*$ eine Fortsetzung $v \in \Sigma^*$ existiert, sodass entweder für alle Fortsetzungen $w \in \Sigma^\omega$ das fortgesetzte Wort $uvw \in L$ in der Sprache ist, oder für alle Fortsetzungen das Wort $uvw \notin L$ nicht in der Sprache ist.

Obige Definition verlangt, dass es immer die Möglichkeit geben muss, durch weitere Beobachtung des Systems noch zu einem endgültigen Ergebnis zu kommen. Es wird nicht verlangt, dass dieses endgültige Ergebnis auch tatsächlich nach endlicher Zeit erreicht wird, aber es darf kein Präfix geben, nach dem es gar nicht mehr erreicht werden kann.

In [19] wird ein *good prefix* für eine Sprache $L \subseteq \Sigma^\omega$ definiert als ein Präfix $u \in \Sigma^*$, nach dem alle unendlichen Fortsetzungen des Wortes nur noch Worte in der Sprache liefern. Analog bezeichnet ein *bad prefix* $u \in \Sigma^*$ für eine Sprache $L \subseteq \Sigma^\omega$ ein Präfix, nach dem alle unendlichen Fortsetzungen des Wortes nur noch Worte liefern, die sich nicht in der Sprache befinden. In [2] wird für die Definition der Monitorbarkeit darauf aufbauend ein *ugly prefix* $u \in \Sigma^*$ für eine Sprache L definiert als ein Präfix, der weder zu einem good prefix für L noch zu einem bad prefix für L verlängert werden kann. Die Monitorbarkeit aus Definition 2.23 wird damit ausgedrückt als: Die Sprache $L \subseteq \Sigma^\omega$ ist monitorbar, wenn für L kein ugly prefix existiert.

Alle monitorbaren Sprachen, die sich in LTL ausdrücken lassen, können auch sinnvoll in einem LTL$_3$-Monitoring eingesetzt werden, da LTL$_3$ durch die unvoreingenommene Antizipation gerade die guten und schlechten Präfixe erkennt.

Beispiel 2.24. Die LTL-Formel $\psi = \Box \Diamond q$ über dem Alphabet $\Sigma = \mathbb{B}_2{}^{\{q\}}$ ist nicht monitorbar, da es sich bereits beim leeren Wort um ein ugly prefix handelt. Es kann für ein endliches Präfix nicht entschieden werden, ob das Wort die Eigenschaft ψ erfüllt oder nicht. Die LTL-Formel $\varphi_1 = p\,\mathcal{U}(\Box q \vee r)$

über dem Alphabet $\Sigma = \mathbb{B}_2^{\{p,q,r\}}$ ist hingegen monitorbar, da kein ugly prefix existiert.

Die LTL-Formel $\varphi_2 = \Box p$ über dem Alphabet $\Sigma = \mathbb{B}_2^{\{p\}}$ ist ebenfalls monitorbar, da kein ugly prefix existiert. Insbesondere handelt es sich bei allen Worten, bei denen nicht in jedem Zeichen p gilt, um ein bad prefix. Dabei ist $\bot$ ein endgültiger Wahrheitswert, da er sich für eine beliebige Fortsetzung des Wortes nicht ändert.

Die LTL-Formel $\varphi_3 = \Diamond p$ über dem gleichen Alphabet $\Sigma = \mathbb{B}_2^{\{p\}}$ ist genau so monitorbar, da kein ugly prefix existiert. Hier handelt es sich allerdings bei allen Worten, bei denen in einem Zeichen p gilt, um ein good prefix. Entsprechend handelt es sich nun bei $\top$ um einen endgültigen Wahrheitswert.

Im vorherigen Beispiel sieht man, dass nicht alle monitorbaren Sprachen auch mit jeder hier betrachteten temporalen Logik sinnvoll in einem Monitor verwendet werden können. Wird die Formel φ_1 in einem zweiwertigen Monitor verwendet, kann man aus keiner der Monitorausgaben einen Schluss ziehen, da man nie weiß, ob es sich um eine endgültige oder eine sich noch ändernde Ausgabe handelt. Für die Formeln φ_2 und φ_3 weiß man hingegen durchaus bei einer der beiden möglichen Ausgaben, dass diese nur vorläufig ist, und bei der anderen Ausgabe, dass diese endgültig. Die Bedeutung der beiden Wahrheitswerte ist diesbezüglich allerdings zwischen den beiden letzten Beispielen genau vertauscht.

Aus diesem Grund wird in [12] die Monitorbarkeit bezüglich eines Wahrheitsbereiches B definiert und die Teilmenge $\hat{B} \subset B$ der endgültigen Wahrheitswerte innerhalb dieses Wahrheitsbereiches ist nicht wie bisher in dieser Arbeit auf $\top$ und $\bot$ festgelegt. Die Unvoreingenommenheit einer Semantikfunktion in Definition 2.16 auf Seite 19 wird dann auch nur mit $b \in \hat{B}$ statt mit $b \in \{\top, \bot\}$ definiert. Die entsprechenden Wahrheitswerte aus $\hat{B}$ werden dann als *endgültig* bezeichnet.

Definition 2.25 (Monitorbarkeit nach [12]). Eine Formel $\varphi \in$ TL ist *monitorbar* mit einer temporalen Logik TL über einem Wahrheitsbereich B, wenn für jedes endliche Präfix $u \in \Sigma^*$ eine Fortsetzung $v \in \Sigma^*$ und ein endgültiger Wahrheitswert $b \in \hat{B} \subset B$ existiert, sodass gilt:

$$\llbracket uv \models \varphi \rrbracket_{\text{TL}} = b.$$

Der Unterschied in obiger Definition zu Definition 2.23 auf der vorherigen Seite liegt in der Hinzunahme der temporalen Logik TL und deren endgültiger Wahrheitswerte aus $\hat{B}$. Damit können wir nun formal erfassen, welche LTL-Formeln mit zweiwertiger Semantik und welche nur mit drei-wertiger Semantik monitorbar sind. Wir betrachten dazu noch einmal die LTL-Formeln aus Beispiel 2.24 auf Seite 23: Die Formel ψ ist nicht moni-torbar und damit auch nicht monitorbar mit einer der hier betrachteten Semantikfunktionen. Die Formeln φ_i sind monitorbar und damit auch mo-nitorbar mit LTL$_3$-Semantik über $\mathbb{B}_3$, wenn man die Menge $\hat{B}$ der endgülti-gen Wahrheitswerte auf $\{\bot\}$ setzt. Die Formel φ_1 ist nicht monitorbar mit zweiwertiger Semantik, egal wie man die Menge $\hat{B}$ der endgültigen Wahr-heitswerte wählt. Die Formel φ_2 ist monitorbar mit FLTL-Semantik, wenn man die Menge $\hat{B}$ der endgültigen Wahrheitswerte auf $\{\top, \bot\}$ setzt, und die Formel φ_3 ist monitorbar mit FLTL-Semantik, wenn man stattdessen die Menge $\hat{B}$ der endgültigen Wahrheitswerte auf $\{\top\}$ setzt.

2.6.1 Hierarchie temporaler Sprachen

Um die Monitorbarkeit unterschiedlicher Sprachen differenzierter betrach-ten zu können, untersuchen wir zunächst verschiedene Klassen temporaler Sprachen. In [24] wird dazu eine Hierarchie temporaler Sprachen aufgestellt. Für die Definition der Klassen werden zunächst einige Operatoren angege-ben.

Definition 2.26 (Operatoren für die Hierarchie, [24]). Für ein Alphabet Σ und ein unendliches Wort $w \in \Sigma^\omega$ liefert die Funktion Pref : $\Sigma^\omega \to 2^{\Sigma^*}$ die Menge aller endlichen Präfixe von w:

$$\text{Pref}(w) = \{u \in \Sigma^* \mid \exists v \in \Sigma^\omega : uv = w\}.$$

Die folgenden Operatoren sind für eine Sprache $L \subseteq \Sigma^*$ über endlichen Worten definiert und liefern eine Sprache auf unendlichen Worten.

- Die Sprache $A(L)$ enthält alle Worte $w \in \Sigma^\omega$, sodass
  alle Präfixe von w zu L gehören:

$$A(L) = \{w \in \Sigma^\omega \mid \text{Pref}(w) \subseteq L\}$$
$$= \{w \in \Sigma^\omega \mid \forall u \in \text{Pref}(w) : u \in L\}.$$

- Die Sprache $E(L)$ enthält alle Worte $w \in \Sigma^\omega$, sodass
  ein Präfix von w zu L gehört:

$$E(L) = \{w \in \Sigma^\omega \mid \text{Pref}(w) \cap L \neq \emptyset\}$$
$$= \{w \in \Sigma^\omega \mid \exists u \in \text{Pref}(w) : u \in L\}.$$

- Die Sprache $R(L)$ enthält alle Worte $w \in \Sigma^\omega$, sodass *unendlich viele* Präfixe von w zu L gehören:

$$R(L) = \{w \in \Sigma^\omega \mid |\text{Pref}(w) \cap L| = \infty\}$$
$$= \{w \in \Sigma^\omega \mid \forall u \in \text{Pref}(w) : \exists uv \in \text{Pref}(w) : uv \in L\}.$$

- Die Sprache $P(L)$ enthält alle Worte $w \in \Sigma^\omega$, sodass *alle bis auf endlich viele* Präfixe von w zu L gehören:

$$P(L) = \{w \in \Sigma^\omega \mid |\text{Pref}(w) \backslash L| < \infty\}$$
$$= \{w \in \Sigma^\omega \mid \exists u \in \text{Pref}(w) : \forall uv \in \text{Pref}(w) : uv \in L\}.$$

Unter Verwendung dieser Operatoren können wir nun die folgenden Klassen definieren.

Definition 2.27 (Temporallogische Klassen, [24]). Eine Sprache $L \subseteq \Sigma^\omega$ auf unendlichen Worten über dem Alphabet Σ gehört zu der angegebenen Klasse genau dann, wenn Sprachen $K, K_i, J_i \subseteq \Sigma^*$ auf endlichen Worten über dem gleichen Alphabet existieren, die folgenden Bedingungen erfüllen.

- *Safety*: Jedes Wort aus L besitzt *nur* Präfixe aus K.

$$L = A(K)$$

- *Guarantee (Co-Safety)*: Jedes Wort aus L besitzt *mindestens ein* Präfix aus K.

$$L = E(K)$$

- *Obligation*: Die Sprache L ist eine positive boolesche Kombinationen von Safety- und Guarantee-Sprachen.

$$L = \bigcap_{i=1}^{n} \big(A(K_i) \cup E(J_i)\big)$$

- *Response (Recurrence)*: Jedes Wort aus L besitzt *unendlich viele* Präfixe aus K.

$$L = R(K)$$

- *Persistence*: Jedes Wort aus L besitzt *bis auf endlich viele nur* Präfixe aus K.

$$L = P(K)$$

- *Reactivity*: Die Sprache L ist eine positive boolesche Kombinationen von Response- und Persistance-Sprachen.

$$L = \bigcap_{i=1}^{n} \left(R(K_i) \cup P(J_i) \right)$$

Die Abfolge der Quantoren in der jeweils zweiten Charakterisierung der Operatoren rechtfertigt die folgende alternative Bezeichnung der Operatoren:
- $\Pi_1^L := A(L)$
- $\Sigma_1^L := E(L)$
- $\Pi_2^L := R(L)$
- $\Sigma_2^L := P(L)$

Wird die Sprache L in dieser Notation weggelassen, so wird die Klasse bezeichnet, die alle Sprachen für beliebige Sprachen L enthält. Zum Beispiel

$$\Pi_1 = \{\Pi_1^L \mid L \in \Sigma^*\}.$$

Damit erhalten wir folgende Zusammenhänge

$$\Delta_2 = \Pi_2 \cap \Sigma_2$$
$$\Delta_3 = \Pi_3 \cap \Sigma_3$$

für die Klassen Obligation bzw. Reactivity.

Die Beziehung der Klassen der temporalen Hierarchie wird in Abbildung 2.2 auf der nächsten Seite dargestellt. Dabei entspricht die Klasse Reactivity der Menge der regulären Sprachen. In [24] wird gezeigt, dass oben definierte Klassen auch über LTL-Formeln charakterisiert werden. Dabei ist zu beachten, dass nicht alle regulären Sprachen durch LTL-Formeln beschrieben werden können. Bei der Charakterisierung durch LTL-Formeln wird dabei also immer nur die durch LTL-Formeln beschreibbare Teilmenge der regulären Sprachen betrachtet. So ist zum Beispiel in der Klasse Safety die Sprache enthalten, die alle Worte enthält, bei der in jedem zweiten Zeichen die Proposition p gilt. Diese Sprache kann aber nicht durch LTL-Formeln beschrieben werden, da man mit LTL-Formeln nicht zählen kann.

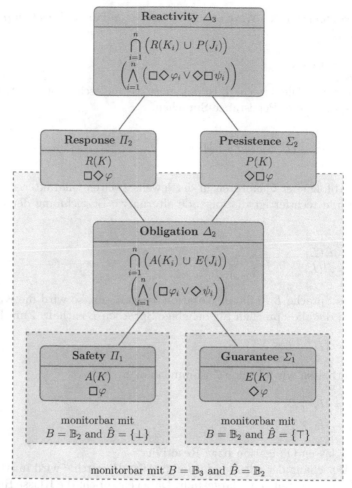

Abb. 2.2 Klassen der temporalen Hierarchie und deren Beziehung für beliebige $K, K_i, J_i \subseteq \Sigma^*$ und $\varphi, \varphi_i, \psi_i \in$ ptLTL. Klassen weiter oben enthalten die darunter liegenden durch Kanten verbundenen Klassen.

Eine Sprache $L \subseteq \Sigma^\omega$ auf unendlichen Worten über dem Alphabet Σ gehört zu der (durch LTL beschreibbaren Teilmenge der) angegebenen Klasse genau dann, wenn Formeln $\varphi, \varphi_i, \psi_i \in$ ptLTL existieren, die folgende Bedingungen erfüllen.

- Safety:

$$L = \mathcal{L}(\Box \varphi)$$

- Guarantee (Co-Safety):

$$L = \mathcal{L}(\Diamond \varphi)$$

- Obligation:

$$L = \mathcal{L} \left(\bigwedge_{i=1}^{n} (\Box \varphi_i \vee \Diamond \psi_i) \right)$$

- Response (Recurrence):

$$L = \mathcal{L}(\Box \Diamond \varphi)$$

- Persistence:

$$L = \mathcal{L}(\Diamond \Box \varphi)$$

- Reactivity:

$$L = \mathcal{L} \left(\bigwedge_{i=1}^{n} (\Box \Diamond \varphi_i \vee \Diamond \Box \psi_i) \right)$$

Überträgt man die Hierarchie der temporalen Eigenschaftsklassen auf endliche Worte, so fallen die Klassen Response, Persistence und Reactivity zu einer Klasse zusammen. Die Formel $\Box \Diamond \varphi \equiv \Diamond \Box \varphi$ entspricht dann der Auswertung der ptLTL-Formel φ im letzten Zeichen des Wortes, sodass alle LTL-Eigenschaften ausgedrückt werden können. Die Klassen Obligation, Safety und Guarantee lassen sich auch hier unterscheiden, was damit korrespondiert, dass diese Klassen unter unterschiedlichen Bedingungen monitorbar sind, sich also Worte aus Sprachen dieser Klassen unter verschiedenen Bedingungen anhand eines Präfixes erkennen lassen.

Alle Sprachen der Klasse Safety sind monitorbar mit FLTL über $\mathbb{B}_2$ und $\perp$ als einzigem endgültigen Wahrheitswert. Alle Sprachen der Klasse Guarantee sind monitorbar mit FLTL über $\mathbb{B}_2$ und $\top$ als einzigem endgültigen Wahrheitswert. Alle Sprachen der Klasse Obligation und einige Sprachen aus Response und Persistence sind monitorbar und damit mit LTL_3 monitorbar über $\mathbb{B}_3$ mit den endgültigen Wahrheitswerten $\top$ und $\perp$. Vergleiche dazu auch die eingezeichneten Bereiche in Abbildung 2.2 auf Seite 28.

Weitere Klassifikationen temporaler Eigenschaften, die in diesem Zusammenhang nicht genauer betrachtet werden, befinden sich in Abschnitt A.1 auf Seite 161.

Anhand dieser temporalen Hierarchie kann nun auch das Ziel dieser Arbeit noch einmal formal formuliert werden: Unter Verwendung von ptDTL aus [38] ist das Monitoring von Eigenschaften aus der Klasse Safety in einem verteilten asynchronen System möglich. Mit sehr leichten Anpassungen können damit auch Eigenschaften der Klasse Guarantee verwendet werden. Im Wesentlichen muss dabei nur die Initialisierung angepasst werden, da sich die Menge der endgültigen Wahrheitswerte $\hat{B}$ von $\{\perp\}$ auf $\{\top\}$ ändern würde. Alternativ kann auch sowohl die Formel als auch die Ausgabe des Monitors negiert werden. Durch diesen Trick kann eine Formel aus der Klasse Guarantee in einem Monitor für Safety-Eigenschaften verwendet werden. Formeln, die nicht entweder zur Klasse Safety oder zur Klasse Guarantee gehören, können allerdings mit ptDTL nicht sinnvoll im Monitoring verwendet werden. Das heißt insbesondere bereits boolesche Kombinationen solcher Formeln können mit den bekannten Techniken bisher nicht zum Monitoring verteilter asynchroner Systeme verwendet werden. Im Rahmen dieser Arbeit soll diese Grenze daher auf den größeren in Abbildung 2.2 auf Seite 28 eingezeichneten Bereich erweitert werden, indem Formeln unvoreingenommen antizipierend über dem Bereich $\mathbb{B}_3$ ausgewertet werden.

2.7 Lineare Temporallogik für verteilte Systeme

Wir wollen nun betrachten, wie die bisher eingeführten Logiken für verteilte Systeme verwendet werden können. Dazu wird das Modell eines asynchronen verteilten Systems aus [38] verwendet, das aus einer Menge von n Agenten $A_1, A_2, \ldots, A_n \in \mathcal{A}$ besteht. Dabei sei $\mathcal{A}$ die Menge aller Agenten des Systems. Diese Agenten kennen sich alle untereinander und können sich gegenseitig Nachrichten schicken. Eine solche Nachricht benötigt eine gewisse Zeit, die vorher nicht bekannt ist. Das System ist nebenläufig in dem Sinne, dass alle Agenten gleichzeitig ausgeführt werden und den Zustand der anderen Agenten nur über die empfangenen Nachrichten erfahren. Insbesondere haben die einzelnen Agenten damit keinen Zugriff auf einen aktuellen Zustand des Gesamtsystems, der die lokalen Zuständen aller Agenten des Systems zum aktuellen Zeitpunkt enthält. Da in einem asynchronen verteilten System keine gemeinsame Zeit existiert, die allen Agenten zur Verfügung steht, hat auch keiner der Agenten eine globale Sicht auf das Gesamtsystem. Jeder Agent verfügt in seinem aktuellen Zustand höchstens über Information aus bereits vergangenen Zuständen der anderen Agenten. Entsprechend existiert aus· der Sicht der einzelnen Agenten kein allgemein zugänglicher globaler Systemzustand (vgl. [10, Section 14.5 Global states]).

Für dieses Modell eines asynchronen verteilten Systems haben Grigore Roşu und andere in [38] die Logik ptDTL entwickelt. Diese erweitert ptLTL um einen neuen Operator @. Mit diesem Operator wird für eine Teilformel angegeben, auf welchem Agenten diese ausgewertet werden soll. So wird zum Beispiel die Formel $@_{A_1}(p \to @_{A_2}(s \mathcal{S} t))$ auf den Agenten A_1 und A_2 ausgewertet und bedeutet, dass immer dann, wenn p auf Agent A_1 gilt, auf Agent A_2 die Formel $s \mathcal{S} t$ gelten muss. Da die beiden Agenten Teil eines asynchronen Systems sind, kann nicht verlangt werden, dass die Teilformel $s \mathcal{S} t$ auf A_2 im aktuellen Zustand von A_1 gilt. Stattdessen wird in der ptDTL-Semantik in [38] der »latest state of [agent A_2] of which [agent A_1] is aware of« verwendet.

Diesem Konzept liegt die beispielhaft in Abbildung 2.3 auf der nächsten Seite dargestellte Idee zugrunde, zum dezentralen Monitoring jedem Agenten Monitore hinzuzufügen. Um den zusätzlichen Kommunikationsaufwand durch das Monitoring zu minimieren, können sich die Monitore in diesem Design nicht direkt Nachrichten senden. Sie kommunizieren stattdessen, indem sie ihre Ausgaben an die bereits durch das System versendeten Nachrichten anhängen, wenn andere Monitore diese Ausgaben benötigen. Indem die Agenten die erhaltenen Informationen beim Senden von Nachrichten weiterreichen, können Informationen zwischen Agenten ausgetauscht werden, ohne dass jemals direkt Nachrichten zwischen ihnen verschickt wurden. Dieses Verfahren berechnet kontinuierlich die bestmögliche konsistente Approximation an den aktuellen globalen Systemzustand ohne zusätzliche Nachrichten zu benötigen. Das Prinzip basiert auf dem Schnappschussalgorithmus von Lamport (vgl. [5]), der verwendet wird, um einen konsistenten globalen Zustand eines verteilten Systems ohne synchronisierte Zeit zu berechnen.

Um in der Semantik der Logik die Abhängigkeit von der Kommunikation der Agenten expliziter angeben zu können, definiert diese Arbeit ähnlich wie

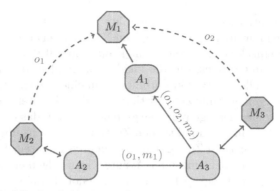

Abb. 2.3 Beispielhafter Informationsfluss zwischen kooperierenden Monitoren. Der Monitor M_1 benötigt Informationen o_1 und o_2 über die Ausgabe der Monitore M_2 und M_3 an entfernten Agenten. Zunächst sendet Agent A_2 Nachricht m_1 an Agent A_3. Dabei wird die aktuelle Ausgabe von M_2 an die Nachricht angehängt, weil diese Information von einem Monitor auf einem anderen Agenten benötigt wird. Nun sendet A_3 eine Nachricht an A_1 und an diese Nachricht wird die erhaltene Information o_1 und die Ausgabe des Monitors M_3 als Information o_2 angehängt. Auf diese Weise kann der Monitor M_1 Informationen über die Ausgaben der entfernten Monitore verwenden.

[36] einen gemeinsamen Lauf des verteilten Systems. Für diesen Lauf wird dann eine verteilte Logik angegeben. Im Gegensatz zu ptDTL, dass fest auf ptLTL basiert, wird in dieser Arbeit die verteilte Logik DTL so definiert, dass unterschiedliche lokale Logiken in ihr verwendet werden können. Auf diese Weise kann das Prinzip von ptDTL auch auf dreiwertige Logiken angewendet werden. Verwendet man ptLTL in DTL, so ergibt sich gerade wieder die Semantik ptDTL.

Wir betrachten daher im Folgenden den abstrahierten Lauf eines verteilten asynchronen Systems als lineare Folge von Zuständen. Jeder dieser Zustände gehört zu genau einem Agenten und erhält Informationen über die atomaren Propositionen, die in diesem Zustand auf diesem Agenten gelten, und die von diesem Agenten empfangenen oder gesendeten Nachrichten seit dem letzten Zustand.

Für jeden Agenten $A \in \mathcal{A}$ existiert eine Menge AP^A der atomaren Propositionen, die in einem Zustand dieses Agenten gelten können. Das Alphabet Σ^A des Agenten A ergibt sich dann als

$$\Sigma^A = \mathbb{B}_2{}^{\mathrm{AP}^A}$$

und enthält alle möglichen Belegungen der Propositionen. Die Nachrichten werden über Nachrichtenmarkierungen modelliert, die das Senden oder Empfangen von Nachrichten markieren. Die Menge S^A enthält Markierungen für von Agent A ausgehende Nachrichten und die Menge R^A enthält Markierungen für die von Agent A empfangenen Nachrichten. $\uparrow_i^{A'} \in S^A$ repräsentiert eine ausgehende Nachricht mit Sequenznummer i an Agent A', die von Agent A gesendet wurde. $\downarrow_i^{A'} \in R^A$ repräsentiert eine eingehende Nachricht mit Sequenznummer i von Agent A', die von Agent A empfangen wurde. Formal ist die Menge der möglichen Nachrichtenmarkierungen gegeben durch

$$S^A = \{\uparrow_i^{A'} \mid A' \in \mathcal{A}\backslash\{A\}, i \in \mathbb{N}\}, \quad S = \bigcup_{a \in A} S^a,$$

$$R^A = \{\downarrow_i^{A'} \mid A' \in \mathcal{A}\backslash\{A\}, i \in \mathbb{N}\}, \quad R = \bigcup_{a \in A} R^a.$$

Die Mengen $M^A = S^A \cup R^A$ enthalten alle möglichen Sende- und Empfangsmarkierungen von Nachrichten auf Agent A. Ein Zustand des verteilten Systems ist nun definiert als ein Element des gemeinsamen Alphabets

$$\Sigma = \bigcup_{A \in \mathcal{A}} \left(\Sigma^A \times 2^{M^A} \times \{A\} \right).$$

Ein Zustand $(s, m, A) \in \Sigma$ ist also ein Dreitupel bestehend aus
- der Belegungen s der atomaren Propositionen dieses Agenten,
- der Menge m der in diesem Zustand empfangenen und gesendeten Nachrichten dieses Agenten und
- dem Agenten A.

Die Ausführung des verteilten Systems kann damit als endliches Wort über dem gemeinsamen Alphabet Σ modelliert werden. Natürlich hat man bei der Verwendung von dezentralem Monitoring nie die volle Information über einen solchen Lauf. Um die Semantik für eine Logik für verteilte Systeme dieser Art angeben zu können, definieren wir zunächst eine Funktion last_A, die die letzte Position in einem solchen Lauf liefert, bei der Agent A Informationen von einem entfernten Agenten erhalten hat. Diese Funktion formalisiert den letzten bekannten Zustand eines entfernten Agenten aus der ptDTL-Semantik.

Definition 2.28 (Letzte bekannte Position). Es sei $A_1, A_2, \ldots, A_n \in \mathcal{A}$ eine Folge von n Agenten. Weiter betrachten wir $n - 1$ Nachrichten zwischen diesen Agenten, die durch eine Sequenz von $2n - 2$ Nachrichtensymbolen $(\uparrow_{i_1}^{A_2}, \downarrow_{i_1}^{A_1}, \uparrow_{i_2}^{A_3}, \downarrow_{i_2}^{A_2}, \ldots, \uparrow_{i_{n-1}}^{A_n}, \downarrow_{i_{n-1}}^{A_{n-1}}) \in (S \times R)^{n-1}$ mit den Indizes $i_1, i_2, \ldots, i_{n-1}$ repräsentiert werden. Schließlich sei $w \in \Sigma^*$ ein Wort mit Zeichen $w_i = (s_i, m_i, B_i)$ über dem gemeinsamen Alphabet Σ. Dann gilt $\text{last}_{A_n}(w, A_1, h) = g$ genau dann, wenn g maximal ist und

$$\forall j < n : \uparrow_{i_j}^{A_{j+1}} \in m_{k_j} \wedge B_{k_j} = A_j \wedge \downarrow_{i_j}^{a_j} \in m_{\ell_j} \wedge B_{\ell_j} = A_{j+1}$$

für Positionen

$$g = k_1 < \ell_1 \leq k_2 < \ell_2 \leq \ldots \leq k_{n-1} < \ell_{n-1} \leq h$$

gilt.

$\text{last}_{A_n}(w, A_1, h)$ liefert also die Position g der Sendemarkierung $\uparrow_{i_1}^{A_2}$ in einem Zustand des Agenten A_1 in w. Diese Sendemarkierung ist dabei die neueste, von der aus Informationen über eine Kette von Agenten $A_1, A_2, \ldots, A_n$ bereits bei Agent A_n angekommen sind. Entsprechend ist die Position g dieser Sendemarkierung auch genau die Position im Wort w, bis zu der Agent A_n in einem Zustand in Position h über Informationen von Agent A_1 verfügt.

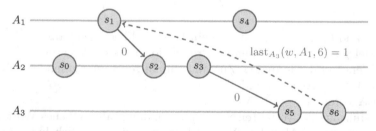

Abb. 2.4 Ausführung w eines verteilten Systems. Der Zustand in Position 6 gehört zu Agent A_3. In diesem Zustand ist Position 1 die letzte Position von Agent A_1, die Agent A_3 kennt.

Beispiel 2.29 (Ausführung eines verteilten Systems). In diesem Beispiel betrachten wir die Modellierung der Ausführung eines verteilten Systems als endliches Wort $w \in \Sigma$ über dem gemeinsamen Alphabet Σ. Das System besteht aus den Agenten A_1, A_2 und A_3. Da es nicht um die Belegungen der Propositionen, sondern um den Nachrichtenaustausch zwischen den drei Agenten geht, sind die Belegungen $s_i \in \Sigma^{A_j}$ für $j \in \{1, 2, 3\}$ nicht näher spezifiziert. Es sei

$$w = (s_0, \emptyset, A_2)(s_1, \{\uparrow_0^{A_2}\}, A_1)(s_2, \{\downarrow_0^{A_1}\}, A_2)(s_3, \{\uparrow_0^{A_3}\}, A_2)$$
$$(s_4, \emptyset, A_1)(s_5, \{\downarrow_0^{A_3}\}, A_3)(s_6, \emptyset, A_3).$$

Dann gilt

$$\text{last}_{A_3}(w, A_1, 6) = 1,$$

weil Position 1 die letzte Position von Agent A_1 ist, von der Agent A_3 Informationen bekannt sind. Das Wort w und diese Anwendung der Funktion last_{A_3} werden auch in Abbildung 2.4 auf der vorherigen Seite dargestellt.

2.7.1 Verteilte Lineare Temporallogik (DTL)

Dieser Abschnitt definiert eine neue Logik für die Laufzeitverifikation eines solchen Systems. Wie in ptDTL werden dazu LTL-Formeln um die Angabe erweitert, auf welchem Agenten Teilformeln ausgewertet werden sollen. Im Prinzip wird das Ergebnis der Auswertung der Teilformel dann direkt in der Formel verwendet.

Um in einer LTL-Formel anzugeben, dass eine Teilformel auf einem anderen Agenten ausgewertet werden soll, führen wir den Operator @ nun formal ein. Dieser unäre Operator kann in der LTL-Syntax bzw. ptLTL-Syntax anstelle einer Proposition verwendet werden. Im unteren Index steht der entfernte Agent und der Operand ist eine temporallogische Formel, die auf dem entfernten Agenten ausgewertet wird. Diese entfernte Formel muss nicht in der gleichen Semantik wie die aktuelle Formel ausgewertet werden. Die Semantik (und damit implizit auch die Syntax) der Teilformel wird im oberen Index des @ angegeben. Um anzugeben, auf welchem Agenten und mit welcher Semantik die gesamte Formel ausgewertet werden soll, muss jede verteilte LTL-Formel mit dem @-Operator beginnen. Die entstehende Logik wird in dieser Arbeit als verteilte Temporallogik (Distributed Temporal Logic, DTL) bezeichnet.

Definition 2.30 (DTL-Syntax). Eine verteilte Formel entspricht der Grammatik

$$\chi ::= @_A^{\text{TL}} \varphi.$$

Dabei ist TL eine temporale Logik, A ein Agent und φ eine Formel in einer
zu TL passenden Syntax, bei der anstelle einer atomaren Proposition wieder
ein Ausdruck der Form χ verwendet werden kann.

Im Rahmen dieser Arbeit wird die Semantikfunktion $[\![\cdot \models \cdot]\!]_{\text{DTL}}$:
$\Sigma \times \text{DTL} \to \mathbb{B}_3$ einer solchen Formel implementierungsnah auf die in der
Formel referenzierten Semantiken zurückgeführt. Die Formel $@_A^{\text{TL}}\varphi \in \text{DTL}$
wird dazu derart in Teilformeln zerlegt, dass zu jedem @-Operator eine Teilformel bestehend aus dem Operanden entsteht. Dabei werden in Teilformeln
enthaltene @-Operatoren samt Teilformeln durch zusätzliche Propositionen
ersetzt, sodass am Ende eine Hauptformel $\psi \in \text{TL}$, eine Menge von Teilformeln $\psi_i \in \text{TL}_i$ und zu jeder Teilformel eine neue Proposition r_i entsteht. Als
Hauptformel wird dabei die Teilformel bezeichnet, die zu dem äußersten @-
Operator des Ausdrucks gehört. Im Folgenden sei die entfernte Proposition
r einer (Teil-)Formel $@_{A_r}^{\text{TL}_r}\varphi_r$ zugeordnet.

Beispiel 2.31. Die Formel

$$@_{A_1}^{\text{ptLTL}}\left(p\,\mathcal{S}\,@_{A_2}^{\text{ptLTL}}(s \wedge t)\right)$$

wird zerlegt in die Hauptformel

$$p\,\mathcal{S}\,r,$$

die die entfernte Proposition r enthält. Dieser entfernten Proposition ist
dabei die Teilformel

$$s \wedge t$$

zugeordnet. Haupt- und Teilformel enthalten nun keinen @-Operator mehr.

2.7.2 DTL-Semantik

Die Ausgabe der Semantik für eine verteilte Formel und ein endliches Wort
über einem gemeinsamen Alphabet Σ ergibt sich nun aus der Auswertung
der Hauptformel in deren Semantik über der angereicherten Projektion des
Wortes auf den Agenten der Hauptformel. Bei dieser Projektion des Wortes werden alle Zeichen, die nicht zum entsprechenden Agenten gehören,
aus dem Wort gestrichen. Von den anderen Zeichen wird nur die Belegung
der atomaren Propositionen behalten und bei der Anreicherung werden die

Belegungen der benötigten entfernten Propositionen in jedem Zustand ergänzt. Für das Alphabet Σ^A eines Agenten sei das Alphabet $\widehat{\Sigma}^A$ das angereicherte Alphabet, das zusätzlich die Belegungen der benötigten entfernten Propositionen enthält. Je nach verwendeter Logik variiert dieses Alphabet, für ptLTL wird die Menge AP^A der atomaren Propositionen zu $\widehat{AP}^A$ der atomaren und entfernten Propositionen erweitert und es gilt $\widehat{\Sigma}^A = \mathbb{B}_2^{\widehat{AP}^A}$.

Definition 2.32 (Angereicherte Projektion). Es sei $w \in \Sigma^*$ ein Wort über einem gemeinsamen Alphabet Σ, $k \in \mathbb{N}$ eine Position, $A \in \mathcal{A}$ ein Agent, $@_A^{TL}\varphi \in DTL$ eine Formel und $u \in (\widehat{\Sigma}^A)^*$ ein Wort über dem angereicherten Alphabet von Agent A. Dann liefert die Funktion $enrich_{\varphi,A} : \Sigma \times \mathbb{N} \to \widehat{\Sigma}^A$ die *angereicherte Projektion* eines Wortes über einem gemeinsamen Alphabet auf das angereicherte Alphabet von Agent A. Für $enrich_{\varphi,A}(w, k) = u$ werden nur Zeichen bis einschließlich Position k des Wortes betrachtet und es gilt:

- Die Zeichen in u haben die gleiche Reihenfolge wie die korrespondierenden Zeichen in w.
- Für ein Zeichen (s, m, A_i) an einer Position $i \leq k$ in w befindet sich genau dann ein korrespondierendes Zeichen s in u, wenn $A = A_i$ gilt.
- Die Belegung einer entfernten Proposition r zu einer Teilformel $@_{A_r}^{TL_r}\varphi_r$ für ein Zeichen an Position i in w ergibt sich als

$$r \mapsto [\![(enrich_{\varphi_r,A_r}(w, \ell), 0) \models \varphi_r]\!]_{TL_r}, \text{ wenn } \ell = last_A(w, A_r, i) \text{ existiert.}$$

Hat der Agent noch keine Nachricht des Agenten der entfernten Teilformel erhalten, so wird ein initialer Wert verwendet.

Je nach Semantik entspricht der initiale Wert der Auswertung der Formel auf dem leeren Wort bzw. auf dem ersten Zeichen des für diesen Agenten projizierten Wortes. Dies entspricht der initialen Ausgabe des zugehörigen Monitors, die bereits zum Zeitpunkt der Monitorgenerierung bekannt ist.

Definition 2.33 (DTL-Semantik). Der Wert der Semantikfunktion $[\![\cdot \models \cdot]\!]_{DTL} : \Sigma \times \mathbb{N} \times DTL \to \mathbb{B}_3$ für eine Formel $@_A^{TL}\varphi \in DTL$ und ein Wort $w \in \Sigma^*$ über einem gemeinsamen Alphabet Σ ergibt sich unter Verwendung der oben definierten Hilfsfunktionen als

$$[\![(w, i) \models \varphi]\!]_{DTL} = [\![(enrich_{\varphi,A}(w, |w| - 1), i) \models \psi]\!]_{TL},$$

wobei $\psi \in TL$ die Hauptformel von φ ist.

In DTL können mit obiger Semantikfunktion ptLTL und FLTL direkt verwendet werden. Da beide Logiken exakt gleich mächtig sind, können sie theoretisch auch gleich gut eingesetzt werden. Bei der Benutzung von FLTL ergibt sich allerdings folgendes Problem: Wird eine FLTL-Formel durch Einfügen eines @-Operators vor einer Teilformel in eine DTL-Formel umgewandelt, ändert sich dadurch die Auswertung grundlegend. Neben der hinzukommenden Verzögerung, bis die Nachricht vom entfernten Agenten angekommen ist, wird die entfernte Teilformeln nun ab dem ersten Zeichen des Laufs ausgewertet. Um eine ähnliche Semantik wie bei der ursprünglichen lokalen Teilformel zu erhalten, muss diese also komplett umgeschrieben werden. Betrachten wir stattdessen ptLTL, so findet die Auswertung einer Teilformel intuitiv immer vom Ende des aktuellen Wortes aus statt. Wird also eine ptLTL-Formel in eine DTL-Formel mit ptLTL-Semantik umgeschrieben, so kommt zwar auch hier die Verzögerung durch die Nachrichten hinzu, aber die prinzipielle Auswertung bleibt ähnlich. Die Verwendung von ptLTL eignet sich daher besser, da die verteilte Semantik sich ähnlicher zur lokalen Semantik verhält. Aus diesem Grund wird im Rahmen dieser Arbeit die verteilte Monitorgenerierung für FLTL-Formeln nicht weiter betrachtet.

Wie bereits bei der Einführung der temporalen Hierarchie in Unterabschnitt 2.6.1 auf Seite 25 beschrieben, ist das Ziel dieser Arbeit, eine unvoreingenommen antizipierende Logik zum Monitoring verteilter asynchroner Systeme zu verwenden. LTL_3 kann aber nicht uneingeschränkt in DTL verwendet werden, da die Ausgabe der LTL_3-Semantikfunktion einen Wert aus $\mathbb{B}_3$ liefert. Entsprechend kann zwar als Semantik für den äußersten @-Operator bereits LTL_3 verwendet werden, aber für die Verwendung als Semantik der inneren @-Operatoren muss LTL_3 so angepasst werden, dass dreiwertige Propositionen verarbeitet werden können.

2.8 LTL_3 mit dreiwertigen Propositionen (fDTL)

Wir wollen nun entfernte Formeln mit einer dreiwertigen Semantik auswerten. Torben Scheffel definiert dazu in [36] die Logik fDTL, die LTL_3 um den @-Operator aus ptDTL erweitert. Entsprechend ist in seiner fDTL-Semantik die Behandlung von Nachrichten und die Bestimmung der letzten bekannten Position enthalten. Da das in dieser Arbeit bereits die DTL-Semantik übernimmt, wird hier fDTL nur als Erweiterung von LTL_3 um dreiwertige Propositionen definiert. In der DTL-Semantik wird jeder entfernten Formel eine entfernte Proposition zugeordnet, die bei Verwendung einer dreiwertigen Semantik für die entfernte Formel ebenfalls dreiwertig ist. Verwendet man fDTL, das diese dreiwertigen Propositionen berücksichtigt, in DTL, so ergibt sich gerade wieder die Semantik aus [36].

Dieser Abschnitt verwendet neben der Menge AP der atomaren zweiwertigen Propositionen die Menge CP der dreiwertigen Propositionen. Jede dreiwertige Proposition wird in einem Zustand entweder auf einen der endgültigen Wahrheitswerte $\top$ oder $\bot$ abgebildet oder die Information ist noch nicht sicher und sie wird auf auf ? abgebildet. Da das Alphabet in diesem Fall gleichzeitig auf zweiwertigen und dreiwertigen Propositionen basiert, definieren wir zunächst die Kombination von Alphabeten, um ein solches Alphabet leichter angeben zu können.

Definition 2.34 (Kombination von Alphabeten). Es seien Σ und Γ zwei Alphabete. Das Alphabet Σ enthält dabei nur Elemente $s \in \Sigma$ der Form $s : M_\Sigma \to B_\Sigma$ und das Alphabet Γ nur Elemente $t \in \Gamma$ der Form $t : M_\Gamma \to B_\Gamma$. Die Kombination der beiden Alphabete ergibt sich als

$$\Sigma \oplus \Gamma = \{u \mid u : M_\Sigma \cup M_\Gamma \to B_\Sigma \cup B_\Gamma \wedge \exists s \in \Sigma : \exists t \in \Gamma :$$

$$\forall p \in M_\Sigma : u(p) = s(p) \wedge \forall p \in M_\Gamma : u(p) = t(p)\}.$$

Beispiel 2.35 (Kombination von Alphabeten). Es sei AP die Menge der zweiwertigen Propositionen und CP die Menge der dreiwertigen Propositionen. Dann gilt

$$\Sigma = \mathbb{B}_2{}^{AP} \oplus \mathbb{B}_3{}^{CP} = \{u \mid u : AP \cup CP \to \mathbb{B}_3 \wedge \forall p \in AP : u(p) \in \mathbb{B}_2\}.$$

Da der @-Operator erst durch die Verwendung von DTL hinzukommt, unterscheidet sich die fDTL-Syntax bis auf die formale Ergänzung von dreiwertigen Propositionen nicht von der LTL-Syntax.

Definition 2.36 (fDTL-Syntax). Die Syntax von fDTL entspricht der Syntax von LTL mit der Erweiterung, dass anstelle der zweiwertigen Propositionen $p \in AP$ auch dreiwertige Propositionen $r \in CP$ verwendet werden können.

Im Gegensatz zu den zweiwertigen Propositionen, die in Abhängigkeit des aktuellen Systemzustands beliebig belegt werden, entspricht die Belegung einer dreiwertigen Proposition immer der Ausgabe einer unvoreingenommenen Semantikfunktion in einem Lauf. Um diese Einschränkung zu modellieren, sprechen wir von unvoreingenommenen Worten, wenn die Belegung einer dreiwertigen Proposition in einem Lauf den Einschränkungen der Ausgabe einer unvoreingenommenen Semantikfunktion entspricht.

Definition 2.37 (Unvoreingenommene (impartial) Worte). Es sei AP die Menge der zweiwertigen Propositionen und CP die Menge der dreiwertigen Propositionen für entfernte Formeln. Ein Wort $w \in \Sigma^*$ bzw. ein unendliches Wort $w \in \Sigma^\omega$ über dem Alphabet $\Sigma = \mathbb{B}_2{}^{AP} \oplus \mathbb{B}_3{}^{CP}$ ist *unvoreingenommen (impartial)*, g.d.w. für alle dreiwertigen Propositionen $r \in CP$, für alle Positionen $i < |w|$ des Wortes und für einen endgültigen Wahrheitswert $b \in \{\top, \bot\}$ gilt

$$w_i(r) = b \Rightarrow \forall k : i < k < |w| \Rightarrow w_k(r) = b.$$

Eine Sprache L ist genau dann unvoreingenommen, wenn alle Worte der Sprache unvoreingenommen sind. Es bezeichne $imp(L)$ die Sprache aller unvoreingenommenen Worte aus L.

2.8.1 fDTL$_\omega$-Semantik

Analog zur LTL$_3$-Semantik auf endlichen Worten, die sich auf die LTL-Semantik auf unendlichen Worten bezieht, definiert diese Arbeit zunächst die fDTL$_\omega$-Semantik auf unendlichen Worten, die dann in der eigentlichen fDTL-Semantik benutzt wird. Da die fDTL$_\omega$-Semantik dreiwertige Propositionen berücksichtigt, ist die Ausgabe der fDTL$_\omega$-Semantik im Gegensatz zur LTL-Semantik auch auf unendlichen Worten dreiwertig. Eine dreiwertige Proposition wird mit dem zusätzlichen Wahrheitswert ? belegt, wenn die Auswertung der entsprechenden entfernten Formel ? liefert. Wenn die Auswertung der entfernten Formel (noch) nicht zur Verfügung steht, weil die entsprechende Nachricht den aktuellen Agenten noch nicht erreicht hat, wird diese Proposition ebenfalls mit ? initialisiert.

In diesem Abschnitt werden zwei unterschiedliche Varianten betrachtet, wie der zusätzliche Wahrheitswert ? in der LTL-Semantik behandelt werden kann: Entweder die Auswertung ? wird direkt als Wahrheitswert verwendet (Semantik ohne Warten) oder die Auswertung bezieht sich auf den endgültigen Wahrheitswert, mit dem die Proposition irgendwann belegt wird (Semantik mit Warten).

Definition 2.38 (fDTL$_\omega^\#$-Semantik ohne Warten). Sei AP die Menge der zweiwertigen Propositionen und CP die Menge der dreiwertigen Propositionen. Weiter sei $\Sigma = \mathbb{B}_2{}^{AP} \oplus \mathbb{B}_3{}^{CP}$ das Alphabet, $w \in imp(\Sigma^\omega)$ ein unendliches unvoreingenommenes Wort über diesem Alphabet und $p \in AP \cup CP$ eine Proposition. Die Semantik von fDTL$_\omega^\#$ für ein unendliches Wort $w \in \Sigma^\omega$

und Formeln $\varphi, \psi \in$ fDTL sei dann induktiv durch die Semantikfunktion $\llbracket (\cdot, \cdot) \models \cdot \rrbracket_{\mathrm{fDTL}_\omega^\#} : \Sigma^\omega \times \mathbb{N} \times \mathrm{LTL} \to \mathbb{B}_3$ gegeben.

$$\llbracket (w, i) \models \mathrm{true} \rrbracket_{\mathrm{fDTL}_\omega^\#} = \top$$

$$\llbracket (w, i) \models p \rrbracket_{\mathrm{fDTL}_\omega^\#} = w_i(p)$$

$$\llbracket (w, i) \models \neg\varphi \rrbracket_{\mathrm{fDTL}_\omega^\#} = \overline{\llbracket (w, i) \models \varphi \rrbracket_{\mathrm{fDTL}_\omega^\#}}$$

$$\llbracket (w, i) \models \varphi \vee \psi \rrbracket_{\mathrm{fDTL}_\omega^\#} = \llbracket (w, i) \models \varphi \rrbracket_{\mathrm{fDTL}_\omega^\#} \sqcup \llbracket (w, i) \models \psi \rrbracket_{\mathrm{fDTL}_\omega^\#}$$

$$\llbracket (w, i) \models \bigcirc\varphi \rrbracket_{\mathrm{fDTL}_\omega^\#} = \llbracket (w, i+1) \models \varphi \rrbracket_{\mathrm{fDTL}_\omega^\#}$$

$$\llbracket (w, i)) \models \varphi \mathcal{U} \psi \rrbracket_{\mathrm{fDTL}_\omega^\#} =$$

$$\begin{cases} \top & \text{wenn } \exists k \geq i : \llbracket (w, k) \models \psi \rrbracket_{\mathrm{fDTL}_\omega^\#} = \top \\ & \quad \text{und } \forall \ell : i \leq \ell < k \Rightarrow \llbracket (w, \ell) \models \varphi \rrbracket_{\mathrm{fDTL}_\omega^\#} = \top \\ \bot & \text{wenn } \forall k \geq i : \llbracket (w, k) \models \psi \rrbracket_{\mathrm{fDTL}_\omega^\#} = \bot \\ & \quad \text{oder } \exists k \geq i : \llbracket (w, k) \models \varphi \rrbracket_{\mathrm{fDTL}_\omega^\#} = \bot \\ & \quad \text{und } \forall \ell : i \leq \ell \leq k \Rightarrow \llbracket (w, \ell) \models \psi \rrbracket_{\mathrm{fDTL}_\omega^\#} = \bot \\ ? & \text{sonst} \end{cases}$$

Die Negationsnormalform (NNF) aus Definition 2.6 auf Seite 12 existiert auch für fDTL$_\omega^\#$-Semantik, da die fDTL-Syntax im wesentlichen der LTL-Syntax entspricht. Der Negationsoperator ist in diesem Fall allerdings nicht nur direkt vor zweiwertigen sondern auch direkt vor dreiwertigen Propositionen erlaubt.

Beispiel 2.39 (Semantik ohne Warten). Es sei $r \in$ CP die einzige dreiwertige und $p \in$ AP die einzige zweiwertige Proposition. Über dem Alphabet $\Sigma = \mathbb{B}_2^{\mathrm{AP}} \oplus \mathbb{B}_3^{\mathrm{CP}}$ betrachten wir dann die Formel

$$\varphi = \neg p \,\mathcal{U} (p \wedge r).$$

Diese Formel verlangt, dass die dreiwertige Proposition r gilt, wenn das erste mal die zweiwertige Proposition p gilt. Die Ausgabe der fDTL$_\omega^\#$-Semantik auf φ entspricht genau der Belegung der dreiwertigen Proposition r in dem Zustand, in dem das erste mal p gilt. Insbesondere, wenn r in diesem Zustand noch mit ? belegt ist, ist die Ausgabe der fDTL$_\omega^\#$-Semantik ebenfalls ?.

Die Belegung der dreiwertigen Proposition r in obigem Beispiel entspricht der Auswertung einer entfernten Teilformel und wie eingangs erläutert kann

? auch bedeuten, dass bisher noch keine Information über die Auswertung der zugehörigen entfernten Teilformel vorhanden ist. Um die Problematik der noch nicht vorhandene Information zu vertiefen, betrachten wir ein weiteres Beispiel.

Beispiel 2.40 (Problem der Semantik ohne Warten). Es sei Σ das Alphabet aus dem vorherigen Beispiel. Wir betrachten diesmal allerdings die umgekehrte Formel

$$\psi = r \, \mathcal{U} \, p.$$

Diese Formel verlangt, dass die dreiwertige Proposition r so lange gilt, bis die lokale Proposition p gilt. Zu Beginn der Auswertung gilt immer $p \mapsto {?}$, da der aktuelle Wert der Auswertung der zugehörigen entfernten Formel noch nicht bekannt ist. In den meisten Fällen wird auch noch einige weitere Zustände lang $p \mapsto {?}$ gelten, bis je nach Auswertung der entfernten Teilformel schließlich $p \mapsto \top$ bzw. $p \mapsto \bot$ gilt. Da die Fixpunktäquivalenz $\varphi \mathcal{U} \psi \equiv \psi \vee (\varphi \wedge \bigcirc(\varphi \mathcal{U} \psi))$ für fDTL$_\omega^\#$ gilt, kann die Formel ψ nur zu $\bot$ oder ?, aber nie zu $\top$ ausgewertet werden.

Motiviert durch das letzte Beispiel ändern wir in der folgenden Definition die Semantik der dreiwertigen Propositionen so ab, dass auf einen finalen Wert $\neq {?}$ gewartet und dieser nachträglich an der entsprechenden Stelle verrechnet wird.

Definition 2.41 (fDTL$_\omega$-Semantik mit Warten, [36]). Wir ändern die oben angegebene fDTL$_\omega^\#$-Semantik für die Auswertung von Propositionen wie folgt ab. Da wir jetzt die Auswertung zweiwertiger und dreiwertiger Propositionen unterscheiden sei $p \in \mathrm{AP}$ und $r \in \mathrm{CP}$.

$$[\![(w, i) \models p]\!]_{\mathrm{fDTL}_\omega} = w_i(p)$$

$$[\![(w, i) \models r]\!]_{\mathrm{fDTL}_\omega} = \begin{cases} w_k(r) & \text{wenn } \exists k : w_k(r) \in \{\top, \bot\} \\ ? & \text{sonst} \end{cases}$$

Bemerkung 2.42. Man könnte in der Auswertung der dreiwertigen Proposition auch $\exists k \geq i : w_k(q) \in \{\top, \bot\}$ verwenden. Damit würde man sich nur auf das Teilwort bestehend aus Zeichen w_i und allen folgenden Zeichen beziehen. Da w ein unvoreingenommenes Wort bzgl. der dreiwertigen Propositionen und damit insbesondere bzgl. q ist, sind beide Varianten äquivalent.

Beispiel 2.43 (Semantik mit Warten). Betrachten wir die Formel $r \, \mathcal{U} \, p$ über dem Alphabet aus den vorherigen Beispielen erneut, so kann sie nun auch zu $\top$ ausgewertet werden, da die Semantik sich auf die zukünftige Belegung der dreiwertigen Proposition mit einem endgültigen Wahrheitswert bezieht.

Weitere Beispiel folgen im nächsten Abschnitt nach der Definition der antizipierenden fDTL-Semantik auf endlichen Worten.

2.8.2 fDTL-*Semantik*

Um jetzt analog zur LTL$_3$-Semantik eine fDTL-Semantik mit unvoreingenommener Antizipation auf endlichen Worten zu erhalten, betrachten wir folgende Definition.

Definition 2.44 (fDTL-Semantik, [36]). Sei AP die Menge der zweiwertigen Propositionen und CP die Menge der dreiwertigen Propositionen. Weiter sei $\Sigma = \mathbb{B}_2{}^{\text{AP}} \oplus \mathbb{B}_3{}^{\text{CP}}$ das Alphabet und $w \in \text{imp}(\Sigma^*)$ ein endliches unvoreingenommenes Wort über diesem Alphabet. Die Semantik von fDTL für ein endliches Wort $w \in \Sigma^*$ und eine Formel $\varphi \in$ fDTL sei dann durch die Semantikfunktion $[\![(\cdot, \cdot) \models \cdot]\!]_{\text{fDTL}} : \Sigma^* \times \mathbb{N} \times \text{LTL} \to \mathbb{B}_3$ gegeben.

$$[\![(w, i) \models \varphi]\!]_{\text{fDTL}} =$$

$$\begin{cases} \top & \text{wenn } \forall ww' \in \text{imp}(\Sigma^\omega) : [\![(ww', i) \models \varphi]\!]_{\text{fDTL}_\omega} = \top \\ \bot & \text{wenn } \forall ww' \in \text{imp}(\Sigma^\omega) : [\![(ww', i) \models \varphi]\!]_{\text{fDTL}_\omega} = \bot \\ ? & \text{sonst} \end{cases}$$

Beispiel 2.45 (fDTL-Semantik). Die Formel $\varphi = @_{A_1}^{\text{fDTL}}(@_{A_2}^{\text{fDTL}}(s \, \mathcal{U} \, t) \, \mathcal{U} \, p)$ wird von der DTL-Semantik in die Hauptformel

$$\psi = r \, \mathcal{U} \, p$$

auf Agent A_1 aus den vorherigen Beispielen und die entfernte Teilformel

$$\psi_r = s \, \mathcal{U} \, t$$

auf Agent A_2 aufgeteilt. Die DTL-Formel φ kann zu $\top$, ? oder $\bot$ ausgewertet werden. Eine entsprechende Formel in ptLTL zu konstruieren ist nicht möglich, da diese Formel aus der Klasse Obligation stammt und somit eine unvoreingenommene dreiwertige Auswertung in diesem Fall mehr Aussagen zulässt.

Das folgende Beispiel zeigt, wie sich das Prinzip der unvoreingenommenen Antizipation aus LTL$_3$ auf die neue Logik fDTL überträgt.

Beispiel 2.46 (Lokale Antizipation in der fDTL-Semantik). Die Formel

$$\varphi = @^{\mathrm{fDTL}}_{A_1} \,\square\, @^{\mathrm{fDTL}}_{A_2} \,\mathrm{true}$$

wird auf Agent A_1 zu $\square r$ mit der dreiwertigen Proposition $r \in \mathrm{CP}$ mit der entfernten Formel true auf Agent A_2. Trifft im dritten Zustand die erste Nachricht von Agent A_1 bei Agent A_2 ein, so ergibt sich ein Wort mit dem Präfix $w = w_0 w_1 w_2$ mit den Zeichen $w_0 = \{r \mapsto ?\}$, $w_1 = \{r \mapsto ?\}$ und $w_2 = \{r \mapsto \top\}$. Es gilt

$$[\![(w, 0) \models \square r]\!]_{\mathrm{fDTL}} = ?,$$
$$[\![(w, 1) \models \square r]\!]_{\mathrm{fDTL}} = ? \quad \text{und}$$
$$[\![(w, 2) \models \square r]\!]_{\mathrm{fDTL}} = \top.$$

Die Semantikfunktion gibt $\top$ aus, sobald die dreiwertige Proposition mit $\top$ belegt wird. Da die Semantik über unvoreingenommenen Worten definiert ist, ändert sich die Belegung der Proposition anschließend nicht mehr, sodass die hier betrachtete Formel nun der Formel $\square$true entspricht. Bevor die Informationen über die Auswertung der entfernten Teilformel vorhanden sind, wird die entsprechende dreiwertige Proposition r allerdings mit ? belegt. Die Tatsache, dass die entfernte Teilformel true nur zu $\top$ ausgewertet werden kann, wird dabei nicht berücksichtigt. In diesem einfachen Beispiel ließe sich das noch einfach realisieren, aber im allgemeinen Fall müssten dazu die Beziehungen von Propositionen unterschiedlicher Agenten untereinander berücksichtigt werden. Diese Arbeit spricht deswegen von lokaler Antizipation.

Als letztes Beispiel betrachten wir zusätzliche Äquivalenzen, die durch die Semantik mit Warten entstehen.

Beispiel 2.47 (Zusätzliche Äquivalenzen durch Warten). Es gilt

$$@^{\mathrm{fDTL}}_{A_1} \left(\square \left(a \to @^{\mathrm{fDTL}}_{A_2} \,\square\, b \right) \right) \equiv @^{\mathrm{fDTL}}_{A_1} \left(\square \left(\neg\, a \vee @^{\mathrm{fDTL}}_{A_2} \,\square\, b \right) \right)$$
$$\overset{*}{\equiv} @^{\mathrm{fDTL}}_{A_1} \left(\square \neg\, a \vee @^{\mathrm{fDTL}}_{A_2} \,\square\, b \right)$$
$$\equiv @^{\mathrm{fDTL}}_{A_1} \left(\neg\, \Diamond a \vee @^{\mathrm{fDTL}}_{A_2} \,\square\, b \right).$$

Die durch $*$ markiere Äquivalenz ist zunächst nicht intuitiv, ergibt sich aber, weil eine Teilformel unvoreingenommen ausgewertet wird und die Semantik auf das Ergebnis dieser unvoreingenommenen Auswertung warten.

Für eine genauere Untersuchung der Äquivalenz aus dem vorherigen Beispiel sei auf die @-DNF aus [36] verwiesen.

Abschließend wollen wir die Verwendung von DTL nur mit ptLTL bzw. nur mit fDTL vergleichen. Bei der Verwendung von fDTL werden entfernte Teilformeln mit unvoreingenommener Antizipation ausgewertet. Für die Hauptformel erhöht dies die Monitorbarkeit, wie bei der Betrachtung der temporalen Hierarchie in Unterabschnitt 2.6.1 auf Seite 25 beschrieben. Für entfernte Teilformeln ergeben sich allerdings große Einschränkungen, wie sich unter anderem in den in Beispiel 2.47 auf der vorherigen Seite betrachteten Äquivalenzen zeigt. Bei dieser Auswertung wird während des ganzen Monitorings nur eine Änderung der Ausgabe übertragen, wenn sich die Ausgabe von ? auf einen endgültigen Wert ändert. Als Operand eines temporalen Operators wird eine entfernte Teilformel in fDTL-Semantik anders ausgewertet als eine lokale Teilformel an derselben Stelle. Insbesondere können die Formeln durch die zusätzlichen Äquivalenzen derart umgeschrieben werden, dass die entfernte Teilformel nicht mehr Operand eines temporalen Operators ist. Entsprechend kann in fDTL auch nicht der aktuelle Wert einer entfernten Proposition abgefragt werden. Formeln wie zum Beispiel $\Diamond\Box\varphi$, die φ im letzten Zeichen eines endlichen Wortes auswerten, sind nicht monitorbar. Sie werden daher in einer unvoreingenommenen Auswertung immer zu ? ausgewertet und liefert damit anders in fDTL nicht die Auswertung von φ im aktuellen Zeichen.

Dieser Mangel an Ausdrucksstärke wird im Rahmen dieser Arbeit dadurch überwunden, dass in DTL-Formeln verschiedene Semantiken kombiniert werden können. So kann in einer DTL-Formel fDTL für die Hauptformel mit entfernten fDTL-Formeln aber auch entfernten ptLTL-Formeln kombiniert werden. Einen anderen Ansatz verfolgt das im nächsten Abschnitt beschriebene fSDTL.

2.9 fDTL mit Synchronisation (fSDTL)

Bei der Verwendung der fDTL-Semantik in einer DTL-Formel werden entfernte Teilformeln immer von Beginn des Wortes an ausgewertet. Es ist also für die Auswertung einer entfernten Teilformel anders als bei lokalen Teilformeln egal, an welcher Stelle in der Gesamtformel sie sich befindet. Durch dieses Verhalten können bestimmte Eigenschaften nicht ausgedrückt werden. So zum Beispiel der am Ende des letzten Abschnitts beschriebene aktuelle Wert einer entfernten Proposition. Darüber hinaus ist dieses Verhalten nicht immer intuitiv, da die Semantik einer entfernten Teilformel nicht mit der Semantik einer lokalen Teilformel an gleicher Stelle verglichen werden kann. Stattdessen gelten die im letzten Abschnitt kurz erwähnten und mit der @-DNF in [36] ausführlich untersuchten zusätzlichen Äquivalenzen.

In [36] werden diese Probleme durch die Übernahme der Synchronisation zwischen den verschiedenen Agenten in die Semantik der Logik gelöst. In einem asynchronen verteilten System findet immer eine implizite Synchronisation der folgenden Form statt: Ein Agent wartet auf den Erhalt einer bestimmten Nachricht eines anderen Agenten und setzt erst dann die Ausführung fort. Die Theorie modelliert dieses Verhalten, in dem sich der wartende Agent in einem *Wartepunkt* befindet, bis er die entsprechende Nachricht des entfernten Agenten erhalten hat. Dieser entfernte Agent wiederum sendet die entsprechende Nachricht in einem *Sendepunkt*. Nach dem Wartepunkt ist damit sicher, dass auch der Sendepunkt bereits erreicht oder überschritten ist. Diese Form der Synchronisation ist nicht vollständig, da es keinen gemeinsamen Zustand in beiden Agenten gibt. Sie kann aber verwendet werden, ohne von dem grundlegenden Prinzip abzuweichen, dass für das Monitoring keine zusätzlichen Nachrichten im verteilten System verschickt werden.

Während in [36] eine eigenständige Logik angegeben wird, definiert diese Arbeit analog zu fDTL eine Logik, die in DTL verwendet werden kann. Dazu wird im Folgenden einer entfernten Teilformel nicht nur genau eine dreiwertige Proposition zugeordnet, sondern eine Menge von dreiwertigen Propositionen. Für jeden Sendepunkt, der auf dem Agenten dieser Teilformel auftritt, steht so eine neue Proposition zur Verfügung. Die Menge der Wartepunkte wird in das Alphabet mit eingemischt, sodass nach dem Auftreten eines Wartepunktes jeweils die entsprechende dreiwertige Proposition aus der Menge der Propositionen für die jeweilige entfernte Formel verwendet werden kann.

Wir definieren dazu die Menge der Wartepunkte WP als

$$\text{WP} = \{\lambda_h^p \mid h \in \mathbb{N}\backslash\{0\}, p \in I_\mathcal{A}\}$$

für eine Menge $I_{\mathcal{A}} = \{1, 2, \ldots, |\mathcal{A}|\}$ der Indizes der Agenten. Der Wartepunkt $\lambda_h^p \in \mathrm{WP}$ bedeutet also, dass an dieser Stelle auf eine entsprechende Nachricht des Sendepunktes h vom Agenten mit Index p gewartet wurde.

Wir gehen wieder von der Menge CP der dreiwertigen Propositionen aus. Für jede entfernte Teilformel existiert eine eindeutige dreiwertige Proposition in dieser Menge. Um nun die Werte einer entfernten Teilformel ab einem Sendepunkt h ausdrücken zu können, definieren wir die Menge der indizierten dreiwertigen Propositionen

$$\widehat{\mathrm{CP}} = \{r_h \mid r \in \mathrm{CP}, h \in \mathbb{N}\}.$$

Die indizierte dreiwertige Proposition $r_h \in \widehat{\mathrm{CP}}$ entspricht dabei dem Wahrheitswert der zu $r \in \mathrm{CP}$ gehörenden entfernten Formel φ_r, wenn diese ab dem Sendepunkt $h \in \mathbb{N}$ ausgewertet wird. Der Sendepunkt 0 liegt dabei immer implizit am Anfang des Wortes, sodass r_0 dem Wahrheitswert der Auswertung von φ_r ab Beginn des Wortes entspricht.

Mit der Menge AP der atomaren Propositionen und der Notation

$$\widetilde{\mathrm{WP}} = \{a \mid a : \mathrm{WP} \to \mathbb{B}_2 \wedge \exists! \lambda_h^p \in \mathrm{WP} : a(\lambda_h^p) = \top\} \subseteq \mathbb{B}_2^{\mathrm{WP}}$$

erhalten wir das Alphabet

$$\Sigma = \mathbb{B}_2^{\mathrm{AP}} \oplus \mathbb{B}_3^{\widehat{\mathrm{CP}}} \oplus \widetilde{\mathrm{WP}}.$$

Die Mengen WP und $\widehat{\mathrm{CP}}$ sind unendlich groß, da sie als Indizes die Menge der natürlichen Zahlen verwenden. Damit ist das Alphabet Σ unendlich und nicht abzählbar, da es unter anderem aus der überabzählbaren Menge $\mathbb{B}_3^{\widehat{\mathrm{CP}}}$ aller Funktionen von $\widehat{\mathrm{CP}}$ nach $\mathbb{B}_3$ konstruiert wird. Die Implementierung der Monitorkonstruktion ist dadurch aber nicht ausgeschlossen, da in der fSDTL-Semantik nur endliche Worte betrachtet werden. Ein endliches Wort kann nur endlich viele Wartepunkte enthalten, da in jedem Zeichen des Wortes nur genau ein Wartepunkt enthalten sein kann. Damit wird in der Praxis auch stets nur eine endliche (aber wachsende) Menge an indizierten dreiwertigen Propositionen $r_h \in \widehat{\mathrm{CP}}$ für jede dreiwertige Proposition $r \in \mathrm{CP}$ benötigt.

Die Definition unvoreingenommener Worte aus Definition 2.37 auf Seite 40 muss nicht auf das neue Alphabet angepasst werden. Bei der Verwendung der Definition ist allerdings zu beachten, dass alle indizierten dreiwertigen Propositionen $r_h \in \widehat{CP}$ unabhängig voneinander die Bedingungen erfüllen müssen. Da die Auswertung einer Formel ab verschiedenen Positionen eines Wortes vollkommen unterschiedliche Ergebnisse liefern kann, reichen die bisherigen Bedingungen damit aus. Ebenso muss nicht explizit verlangt werden, dass die Wartepunkte in aufsteigender Reihenfolge im Wort vorkommen, auch wenn dies in praktischen Anwendungen übersichtlicher ist.

2.9.1 fSDTL$_\omega$-Semantik

Bei der neuen Logik fSDTL handelt es sich um eine synchronisierte Erweiterung von fDTL. Da sich lediglich die Menge der dreiwertigen Propositionen ändert, kann für fSDTL die Syntax von fDTL weiter verwendet werden. Wie für fDTL definieren wir auch für die synchronisierte Variante zunächst eine Semantik auf unendlichen Worten, um damit die unvoreingenommene antizipierende Semantik auf endlichen Worten zu erhalten. Um diese fSDTL$_\omega$-Semantik auf unendlichen Worten angeben zu können, definieren wir zunächst eine Funktion, die für ein punktiertes Wort (w,i) mit $w \in \Sigma^\omega$ und $i \in \mathbb{N}$ den Sendepunkt h des letzten Wartepunktes $\lambda_h^p \in$ WP für den Agenten mit Index p vor der aktuellen Position i in w liefert.

Definition 2.48 (Sendepunkt des letzten Wartepunktes). Für die Funktion sp : $\Sigma^\omega \times \mathbb{N} \times I_\mathcal{A} \to \mathbb{N}$ gilt

$$\mathrm{sp}((w,i),p) = h$$

genau dann, wenn eine Position $k < i$ existiert, sodass $w_k(\lambda_h^p) = \top$ gilt und für keinen Sendepunkt $g \in \mathbb{N}$ und für keine Position $k < \ell < i$ für das Wort w die Beziehung $w_\ell(\lambda_g^p) = \top$ gilt. Sonst gilt $\mathrm{sp}((w,i),p) = 0$, da kein Wartepunkt des Agenten mit Index p im Wort w vor Position i enthalten ist.

Mit der Funktion sp können wir nun den jeweils aktuell gültigen Wartepunkt auslesen und damit die fSDTL$_\omega$-Semantik definieren:

Definition 2.49 (fSDTL$_\omega$-Semantik, [36]). Wir ändern die oben angegebene fDTL$_\omega$-Semantik für die Auswertung von dreiwertigen Propositionen wie folgt ab. Für ein punktiertes Wort (w,i), eine dreiwertige Proposition $r \in$ CP mit dem zugehörigen Agenten mit Index p_r und den zugehörigen Sendepunkt $h = \mathrm{sp}((w,i),p_r)$ des letzten Wartepunkts dieses Agenten vor der aktuellen Position i gilt

$$[\![(w, i) \models r]\!]_{\text{fSDTL}_\omega} = \begin{cases} w_k(r_h) & \text{wenn } \exists k : w_k(r_h) \in \{\top, \bot\} \\ ? & \text{sonst} \end{cases}$$

2.9.2 fSDTL-Semantik

Analog zur fDTL-Semantik können wir jetzt eine fSDTL-Semantik mit un-voreingenommener Antizipation angeben. Sei dazu $\Sigma = \mathbb{B}_2^{\text{AP}} \oplus \mathbb{B}_3^{\widehat{\text{CP}}} \oplus \widetilde{\text{WP}}$ das Alphabet wie oben eingeführt und $w \in \text{imp}(\Sigma^*)$ ein endliches unvor-eingenommenes Wort über diesem Alphabet. Die Semantikfunktion $[\![(\cdot, \cdot) \models \cdot]\!]_{\text{fSDTL}} : \Sigma^* \times \mathbb{N} \times \text{LTL} \to \mathbb{B}_3$ gibt dann die Semantik von fSDTL für ein endliches Wort $w \in \Sigma^*$, eine Position $i \in \mathbb{N}$ in diesem Wort und eine Formel $\varphi \in \text{fDTL}$ an. Diese Semantikfunktion ergibt sich, wenn man in der Seman-tikfunktion $[\![(\cdot, \cdot) \models \cdot]\!]_{\text{fDTL}}$ aus Definition 2.44 auf Seite 43 die Semantik fDTL_ω durch die neue Semantik fSDTL_ω ersetzt.

Um fSDTL tatsächlich als Semantik in der DTL-Semantik verwenden zu können, muss die in der Funktion enrich realisierte Projektion erweitert werden. Die angereicherte Projektion eines Wortes über einem gemeinsamen Alphabet auf das angereicherte Alphabet eines Agenten muss Bele-gungen für die benötigten *indizierten* dreiwertigen Propositionen und die zugehörigen Wartepunkte enthalten. Dazu müssen im gemeinsamen Alpha-bet Sende- und Wartepunkte hinzugefügt werden. Die Sendepunkte dienen dazu, die korrekte Belegung für eine indizierte dreiwertige Proposition zu bestimmen. Diese wird nicht mehr immer ab dem Beginn des Wortes son-dern ab dem Beginn des zugehörigen Sendepunktes ausgerechnet. Die War-tepunkte werden in die angereicherte Projektion übernommen, da diese in der fSDTL-Semantik verwendet werden, um die korrekte indizierte dreiwer-tige Proposition auszuwählen.

Durch die Synchronisation über Sende- und Wartepunkte kann der Feh-ler durch die Asynchronität des Monitorings weiter reduziert werden. Die Auswertung einer DTL-Formel ohne Synchronisation hängt stark von den Zeitpunkten ab, wann das verteilte System Nachrichten versendet. Je länger ein Agent keine Informationen von einem entfernten Agenten erhält, desto größer wird der Fehler, der dadurch entsteht, dass veraltete Informationen über diesen entfernten Agenten verwendet werden. Durch die Sende- und Wartepunkte kann fSDTL in einem solchen Fall auch im Nachhinein noch die korrekte Ausgabe bestimmen, wenn die beteiligten Agenten ausreichend synchronisiert waren. Sind nicht ausreichend Sende- und Wartepunkte vorhanden, zum Beispiel weil zwei Agenten unabhängig voneinander agieren, steigt der Fehler durch die Asynchronität des Monitorings allerdings genauso.

3 Monitore

In diesem Kapitel werden Monitorkonstruktionen für die im letzten Kapitel betrachteten Logiken angegeben. Dabei ist das Ziel, für eine Formel in DTL entsprechende Monitore für die jeweiligen Agenten zu generieren und die Kommunikation dieser Monitore anzugeben. Wir werden dazu zunächst Monitorkonstruktionen für ptLTL und LTL$_3$ betrachten, um darauf aufbauend Monitore für DTL-Formeln zu generieren.

Im letzten Kapitel wurde die Semantik einer Logik jeweils als Funktion angegeben, die einem Wort und einer Formel ein Element aus einem Verband zuweist. Ein Monitor ist demgegenüber ein Konstrukt mit einem internen Zustandsspeicher, das die Zeichen des zu überwachenden Wortes einzeln liest und zu jedem Zeichen die Ausgabe der Semantikfunktion für das Wort bis zu diesem Zeichen liefert.

3.1 Monitorkonstruktion für ptLTL

Die folgende Monitorkonstruktion für ptLTL basiert auf einem Speicher, der für alle temporalen Teilformeln die Auswertung im letzten Zustand speichert und wurde in [38] definiert. Eine deutlich detailliertere Beschreibung der einzelnen Schritte findet sich in [32]. Um den Speicher für alle temporalen Teilformeln angeben zu können, definieren wir zunächst die Menge der temporalen Teilformeln.

Definition 3.1 (Menge der temporalen Teilformeln, [38]). Für eine Formel $\varphi \in$ ptLTL ist die Menge $\text{sub}_T(\varphi)$ aller *temporaler Teilformeln* induktiv gegeben durch

$$\mathrm{sub}_T(\mathrm{true}) = \mathrm{sub}_T(\mathrm{false}) = \mathrm{sub}_T(p) = \emptyset,$$
$$\mathrm{sub}_T(\neg\,\varphi) = \mathrm{sub}_T(\varphi),$$
$$\mathrm{sub}_T(\ominus\,\varphi) = \{\ominus\,\varphi\} \cup \mathrm{sub}_T(\varphi),$$
$$\mathrm{sub}_T(\varphi \vee \psi) = \mathrm{sub}_T(\varphi) \cup \mathrm{sub}_T(\psi),$$
$$\mathrm{sub}_T(\varphi\,\mathcal{S}\,\psi) = \{\varphi\,\mathcal{S}\,\psi\} \cup \mathrm{sub}_T(\varphi) \cup \mathrm{sub}_T(\psi)$$

für Formeln $\varphi, \psi \in \mathrm{ptLTL}$ und Propositionen $p \in \mathrm{AP}$.

Die Monitorkonstruktion kann leicht auf die weiteren Operatoren aus Definition 2.15 auf Seite 18 erweitert werden, indem diese auf die hier betrachteten Operatoren zurückgeführt werden.

Bemerkung 3.2. $\varphi \in \mathrm{sub}_T(\varphi)$ gilt nur genau dann, wenn φ eine temporale Formel ist, also die Form $\varphi = \varphi_1\,\mathcal{S}\,\varphi_2$ oder $\varphi = \ominus\varphi_1$ besitzt.

Die meisten temporalen Teilformeln bestehen selbst aus Teilformeln die durchaus auch wieder temporal sein können. Diese Abhängigkeit ist allerdings azyklisch und kann deswegen wie folgt linearisiert werden.

Definition 3.3 (Rangfolge der temporalen Operatoren, [38]). Die temporalen Teilformeln von φ aus der Menge $\mathrm{sub}_T(\varphi)$ bilden eine sequentielle Folge $\varphi_1, \varphi_2, \ldots, \varphi_n \in \mathrm{sub}_T(\varphi)$, sodass für alle Teilformeln $\varphi_i \in \mathrm{sub}_T(\varphi_k)$ das Verhältnis $i \leq k$ gilt.

Eine temporale Teilformel φ_k enthält also selbst nur temporale Teilformeln aus der Menge $\{\varphi_1, \varphi_2, \ldots, \varphi_k\}$, die in obiger Folge vor φ_k stehen.

Der Speicher S enthält für die Teilformeln $\varphi_1, \varphi_2, \ldots, \varphi_n$ einer Formel $\varphi \in \mathrm{ptLTL}$ je einen booleschen Wert aus $\mathbb{B}_2$. Ein Zustand $s \in S$ des Speichers $S = \{1, 2, \ldots, n\} \to \mathbb{B}_2$ ist eine Funktion, die vom Index der Teilformel auf die aktuelle Speicherbelegung für diese Teilformel abbildet. Gespeichert werden je nach Art der Teilformel unterschiedliche Auswertungen: Für eine Teilformel der Form $\varphi_i = \ominus\psi$ wird das Ergebnis der Auswertung von ψ gespeichert und für eine Teilformel der Form $\varphi_i = \psi\,\mathcal{S}\,\psi'$ wird das Ergebnis der Auswertung von φ_i gespeichert, sodass diese Auswertungen des aktuellen Zeichens bei der Auswertung des nächsten Zeichens zur Verfügung stehen.

Definition 3.4 (ptLTL-Monitor, [38]). Es sei $\varphi \in \mathrm{ptLTL}$ eine Formel, AP die Menge der atomaren Propositionen und $\Sigma = \mathbb{B}_2{}^{\mathrm{AP}}$ das Alphabet, S ein Speicher der oben beschriebenen Art für die Teilformeln $\varphi_1, \varphi_2, \ldots, \varphi_n$ der

Formel φ. Weiter sei $a \in \Sigma$ ein gelesenes Zeichen und $b \in \mathbb{B}_2$ die Ausgabe des Monitors. Für die Monitorfunktion $f_\varphi : S \times \Sigma \to S \times \mathbb{B}_2$ gilt dann

$$f_\varphi(s, a) = (s', b),$$

wobei $s' \in S$ für $1 \leq i \leq n$ unter Verwendung der anschließend definierten Auswertungsfunktion eval induktiv gegeben ist durch

$$s'(i) = \begin{cases} \mathrm{eval}(\psi, a) & \text{wenn } \varphi_i = \ominus \psi \\ \mathrm{eval}(\psi' \vee (\psi \wedge s(i)), a) & \text{wenn } \varphi_i = \psi \, \mathcal{S} \, \psi' \end{cases}$$

und $b = \mathrm{eval}(\varphi)$ gilt.

Die Auswertungsfunktion eval $:$ ptLTL $\times \Sigma \to \mathbb{B}_2$ ist in abhängig von dem aktuellen Speicherzustand s' und dem vorherigen Speicherzustand s definiert. Für eine Proposition $p \in$ AP und die Formeln $\psi, \psi' \in$ ptLTL sei eval gegeben durch

$$\mathrm{eval}(\mathrm{true}, a) = \top$$
$$\mathrm{eval}(p, a) = a(p)$$
$$\mathrm{eval}(\neg \psi, a) = \overline{\mathrm{eval}(\psi, a)}$$
$$\mathrm{eval}(\psi \vee \psi', a) = \mathrm{eval}(\psi, a) \sqcup \mathrm{eval}(\psi', a)$$
$$\mathrm{eval}(\varphi_i, a) = \begin{cases} s(i) & \text{wenn } \varphi_i = \ominus \psi \\ s'(i) & \text{wenn } \varphi_i = \psi \, \mathcal{S} \, \psi' \end{cases}$$

Der initiale Speicherzustand $s_0 \in S$ bildet die temporalen Teilformeln $\ominus \psi$ und $\psi \, \mathcal{S} \, \psi'$ für beliebige Formeln $\psi, \psi' \in$ ptLTL auf $\perp$ ab.

Bemerkung 3.5. Wird obige Monitorkonstruktion auf die weiteren ptLTL-Operatoren erweitert, so muss bei der Bestimmung des initialen Speicherzustandes zwischen den starken und den schwachen temporalen Operatoren unterschieden werden. Stark sind die dabei die Operatoren $\mathcal{S}$ und $\diamondsuit$, die der Berechnung eines kleinsten Fixpunktes entsprechen, sowie der Operator $\ominus$. Schwach sind die Operatoren $\mathcal{B}$, $\boxminus$ und $\mathcal{T}$, die der Berechnung eines größten Fixpunktes entsprechen, sowie der Operator $\ominus$. Die temporalen Teilformeln mit einem starken äußersten Operator werden auf $\perp$ abgebildet, die mit einem schwachen äußersten Operator auf $\perp$.

Beispiel 3.6 (ptLTL-Monitor, [32]). Wir betrachten die ptLTL-Formel

$$\varphi = \neg(a \wedge \neg(\ominus b \wedge (c \, \mathcal{S}(d \wedge (\neg e \, \mathcal{S} \, f)))))$$

mit den Teilformeln

$$T = \text{sub}_T(\varphi) = \{\varphi_1, \varphi_2, \varphi_3\} \text{ mit}$$
$$\varphi_1 = \ominus b,$$
$$\varphi_2 = \neg e \, \mathcal{S} \, f \text{ und}$$
$$\varphi_3 = c \, \mathcal{S}(d \wedge \varphi_2).$$

Es ergibt sich

$$
\begin{aligned}
s'(1) &= \text{eval}(b, a) = a(b) \\
s'(2) &= \text{eval}(f \vee (\neg e \wedge s(2)), a) \\
&= \text{eval}(f, a) \sqcup (\overline{\text{eval}(e, a)} \sqcap s(2)), \\
s'(3) &= \text{eval}((d \wedge \varphi_2) \vee (c \wedge s(3)), a) \\
&= (\text{eval}(d, a) \sqcap \text{eval}(\varphi_2, a)) \sqcup (\text{eval}(c, a) \sqcap s(3)) \\
&= (\text{eval}(d, a) \sqcap s'(2)) \sqcup (\text{eval}(c, a) \sqcap s(3)) \text{ und} \\
b &= \text{eval}(\varphi) = \text{eval}(\neg(a \wedge \neg(\varphi_1 \wedge \varphi_3))) \\
&= \overline{a \sqcap \overline{s(1)} \sqcap s'(3)}
\end{aligned}
$$

Theorem 3.7 (Korrektheit des ptLTL-Monitors, [32, 16]). *Für ein Alphabet $\Sigma = \mathbb{B}_2^{\text{AP}}$ basierend auf der Menge AP der atomaren Propositionen, ein Wort $w \in \Sigma^*$ über diesem Alphabet und eine Formel $\varphi \in \text{ptLTL}$ gilt*

$$[\![(w, 0) \models \varphi]\!]_{\text{ptLTL}} = f_\varphi^*(w).$$

Dabei ergibt sich $f_\varphi^*(w)$ aus der iterierten Anwendung von f_φ, wobei der Speicherzustand der Ausgabe jeweils als neuer Speicherzustand verwendet wird. Als initialer Speicherzustand wird wie beschrieben $s_0 \in S$ verwendet.

Der Beweis folgt mit struktureller Induktion aus der Semantik von ptLTL aus Definition 2.13 auf Seite 17 unter Verwendung der Fixpunktäquivalenz des Until-Operators aus Lemma 2.9 auf Seite 13 und der Monitorfunktion f aus Definition 3.4 auf Seite 52.

3.2 Monitorkonstruktion für LTL₃

Im Gegensatz zum Monitoringalgorithmus für ptLTL verwenden wir für das Monitoring von LTL₃ Automaten. Das Ziel der Monitorkonstruktion für LTL₃ ist es, die Formel in eine Moore-Maschine umzuwandeln, deren Ausgabe mit der LTL₃-Semantik übereinstimmt. Dazu betrachten wir zunächst die klassische Umwandlung (vgl. [43]) von LTL in einen (alternierenden) Büchi-Automaten. Basierend auf dem Büchi-Automaten $\check{A}_\varphi$ für eine LTL-Formel φ konstruieren wir dann den Monitor M_φ.

3.2.1 Automatenmodell für LTL

Als Automatenmodell für ω-reguläre Sprachen auf unendlichen Worten hat Richard Büchi in [4] nichtdeterministische Automaten auf unendlichen Worten eingeführt. Diese Büchi-Automaten werden auch in dieser Arbeit als Automatenmodell für LTL-Formeln auf unendlichen Worten verwendet. Dieser Abschnitt definiert daher zunächst Büchi-Automaten und anschließend eine Umwandlung, die eine LTL-Formel in einen äquivalenten Büchi-Automaten transformiert.

Definition 3.8 (Büchi-Automat, BA, [18, 4]). Ein *Büchi-Automat (BA)* ist ein Tupel $\check{A} = (\Sigma, Q, Q_0, \delta, F)$ mit
- einem Eingabealphabet Σ,
- einer Zustandsmenge Q,
- einer Menge $Q_0 \subseteq Q$ initialer Zustände,
- einer Transitionsfunktion $\delta : Q \times \Sigma \to 2^Q$ und
- einer Menge F von akzeptierenden Zuständen.

Der Lauf eines Büchi-Automaten $\check{A}$ auf einem unendlichen Wort $w \in \Sigma^\omega$ ist eine Funktion $\rho : \mathbb{N} \to Q$, sodass
- der Lauf in einem initialen Zustand $\rho(0) \in Q_0$ beginnt und
- für jede Position $i \in \mathbb{N}$ der Folgezustand $\rho(i+1) \in \delta(\rho(i), w_i)$ von der Transitionsfunktion erlaubt wird.

Ein Lauf ist akzeptierend, wenn die Menge

$$\text{Inf}(\rho) = \left\{ q \in Q \ \middle|\ |\{k \in \mathbb{N} \mid \rho(k) = q\}| = \infty \right\}$$

der unendlich oft besuchten Zustände mindestens einen akzeptierenden Zustand enthält, also

$$\operatorname{Inf}(\rho) \cap F \neq \emptyset$$

gilt.

Der Automat $\check{A}$ akzeptiert das Wort w genau dann, wenn mindestens ein akzeptierender Lauf von w auf $\check{A}$ existiert.

Die Sprache $\mathcal{L}(A)$ eines Automaten A ist dabei wie üblich definiert als die Menge aller von A akzeptierten Worte.

Für die Umwandlung von LTL-Formeln in Büchi-Automaten werden in dieser Arbeit alternierende Büchi-Automaten verwendet, weil diese im Gegensatz zur direkten Umwandlung einfacher zu konstruieren und leichter nachzuvollziehen sind. Die Struktur des Automaten ergibt sich direkt aus der Formel, in dem alle Teilformeln als Zustände verwendet werden.

Definition 3.9 (Alternierender Büchi-Automat, ABA, [18, 43]). Ein *alternierender Büchi-Automat (ABA)* ist ein Tupel $A = (\Sigma, Q, q_0, \delta, F)$ analog zum Büchi-Automaten bis auf

– die positive boolesche Kombination $q_0 \in \mathcal{B}^+(Q)$ von initialen Zuständen und

– die Transitionsfunktion $\delta : Q \times \Sigma \to \mathcal{B}^+(Q)$.

Die Menge $\mathcal{B}^+(Q)$ aller positiven booleschen Kombinationen der Elemente einer Grundmenge Q ist dabei die kleinste Menge, für die

– true, false $\in \mathcal{B}^+(Q)$,

– $Q \subset \mathcal{B}^+(Q)$ und

– $\forall q_1, q_2 \in \mathcal{B}^+(Q) : q_1 \wedge q_2, q_1 \vee q_2 \in \mathcal{B}^+(Q)$ gilt.

Eine Menge $S \subseteq Q$ ist ein Modell $S \models \alpha$ einer positiven booleschen Kombination $\alpha \in \mathcal{B}^+(Q)$, wenn α derart als aussagenlogische Formel ausgewertet werden kann, dass genau die Elemente $q \in S$ des Modells als wahr angenommen werden. Ein Modell S ist ein minimales Modell $S \models \alpha$, wenn keine der echten Teilmengen $S' \subsetneq S$ ein Modell $S' \models \alpha$ ist.

Der Lauf eines alternierenden Büchi-Automaten A auf einem unendlichen Wort $w \in \Sigma^\omega$ ist ein azyklischer gerichteter Graph (V, E) für den Beschriftungen $\ell : V \to Q$ und $h : V \to \mathbb{N}$ existieren. Dabei ordnet ℓ jedem Knoten einen Zustand zu und h ordnet jedem Knoten eindeutig eine Ebene zu. Ein Lauf erfüllt die folgenden Eigenschaften:

- Die Beschriftungen der Knoten auf Höhe 0 bilden ein minimales Modell für die positive boolesche Kombination der initialen Zustände. Es gilt also $\{\ell(v) \mid v \in h^{-1}(0)\} \models q_0$.
- Kanten $E \subseteq \bigcup_{i \in \mathbb{N}}(h^{-1}(i) \times h^{-1}(i+1))$ existieren nur zwischen Knoten unterschiedlicher Ebenen.

- Für alle Knoten $v' \in V$ einer Ebene $h(v') > 0$ gilt $\{v \in V \mid (v, v') \in E\} \neq \emptyset$. Knoten ohne eingehenden Kanten existieren also nur in Ebene 0.
- Zwei unterschiedliche Knoten $v, v' \in V$ auf einer Ebene $h(v) = h(v')$ besitzen nicht die gleiche Knotenbeschriftung $\ell(v) \neq \ell(v')$.
- Die Kanten erfüllen die Transitionsfunktion, sodass für alle Knoten $v \in V$ die Beziehung $\{\ell(v') \mid (v, v') \in E\} \models \delta(\ell(v), w_{h(v)})$ gilt.

Ein Lauf (V, E) ist akzeptierend, wenn jeder seiner unendliche Pfade ρ maximaler Länge die Akzeptanzbedingung eines Büchi-Automaten erfüllt, also $\mathrm{Inf}(\rho) \cap F \neq \emptyset$ gilt. Der Automat A akzeptiert das Wort w genau dann, wenn mindestens ein akzeptierender Lauf von w auf A existiert.

Um nun für eine LTL-Formel einen äquivalenten ABA anzugeben, betrachten wir zunächst die Menge der Teilformeln einer LTL-Formel, die der Menge der Zustände im ABA entspricht. Genau wie im Fall von ptLTL in Definition 3.1 auf Seite 51 wird diese Menge der Teilformeln induktiv definiert.

Definition 3.10 (Menge aller Teilformeln, [18, 43]). Für eine Formel $\varphi \in$ LTL ist die Menge sub(φ) *aller Teilformeln* induktiv gegeben durch

$$\mathrm{sub}(\mathrm{true}) = \mathrm{sub}(\mathrm{false}) = \emptyset,$$
$$\mathrm{sub}(p) = \{p\},$$
$$\mathrm{sub}(\triangleright\varphi) = \{\triangleright\varphi\} \cup \mathrm{sub}(\varphi),$$
$$\mathrm{sub}(\varphi \diamond \psi) = \{\varphi \diamond \psi\} \cup \mathrm{sub}(\varphi) \cup \mathrm{sub}(\psi)$$

für Formeln $\varphi, \psi \in$ LTL, Propositionen $p \in$ AP $\cup$ CP, unäre Operatoren $\triangleright \in \{\neg, \bigcirc, \bigcirc_w\}$ und binäre Operatoren $\diamond \in \{\wedge, \vee, \mathcal{U}, \mathcal{R}\}$.

Für eine Menge $\varPhi$ von Formeln ist sub elementweise als

$$\mathrm{sub}(\varPhi) = \bigcup_{\varphi \in \varPhi} \mathrm{sub}(\varphi)$$

definiert.

Im folgenden Automatenmodell für eine Formel $\varphi \in$ LTL wird wie beschrieben die Menge aller Teilformeln sub(φ) als Zustandsmenge und die Formel φ selber als initialer Zustand verwendet. Die Transitionsfunktion auf dieser Zustandsmenge ergibt sich dann aus der Fixpunktäquivalenz der temporalen Operatoren.

Definition 3.11 (Automatenmodell für LTL, [18, 43]). Sei AP die Menge der atomaren Propositionen und damit $\Sigma = \mathbb{B}_2{}^{\text{AP}}$ das Eingabealphabet. Für eine Formel $\varphi \in$ LTL in Negationsnormalform ist der alternierende Büchi-Automat $A_\varphi = (\Sigma, Q, q_0, \delta, F)$ gegeben. Dabei wird die Menge $Q = \text{sub}(\varphi)$ aller Teilformeln als Zustandsmenge, die Formel $q_0 = \varphi$ als initialer Zustand und die Menge $F = \{\varphi_1 \mathcal{R} \varphi_2 \mid \varphi_1, \varphi_2 \in Q\}$ als Menge der akzeptierenden Zustände verwendet. Weiter sei $p \in$ AP eine atomare Proposition, $a \in \Sigma$ ein Zeichen des gelesenen Wortes und $\varphi_1, \varphi_2 \in$ LTL Formeln in Negations-normalform, dann ist die Transitionsfunktion $\delta : Q \times \Sigma \to \mathcal{B}^+(Q)$ induktiv gegeben durch

$$\delta(\text{true}, a) = \text{true}$$
$$\delta(\text{false}, a) = \text{false}$$
$$\delta(p, a) = \begin{cases} \text{true} & \text{wenn } a(p) = \top \\ \text{false} & \text{sonst} \end{cases}$$
$$\delta(\neg p, a) = \begin{cases} \text{true} & \text{wenn } a(p) = \bot \\ \text{false} & \text{sonst} \end{cases}$$
$$\delta(\bigcirc \varphi, a) = \varphi$$
$$\delta(\bigcirc_{\text{w}} \varphi, a) = \delta(\bigcirc \varphi, a)$$
$$\delta(\varphi \wedge \psi, a) = \delta(\varphi, a) \wedge \delta(\psi, a)$$
$$\delta(\varphi \vee \psi, a) = \delta(\varphi, a) \vee \delta(\psi, a)$$
$$\delta(\varphi \mathcal{U} \psi, a) = \delta((\varphi \wedge \bigcirc(\varphi \mathcal{U} \psi)) \vee \psi, a)$$
$$\delta(\varphi \mathcal{R} \psi, a) = \delta((\varphi \vee \bigcirc(\varphi \mathcal{R} \psi)) \wedge \psi, a).$$

Dieses Modell basiert auf dem schrittweisen Auswerten einer LTL-Formel für ein festes Wort. Jedes Zeichen der Eingabe wird in einem Schritt des Automaten verarbeitet und in jedem Schritt wird die Teilformel bestimmt, die vom restlichen Teilwort noch erfüllt werden muss. Der aktuelle Zustand des Automaten entspricht dabei gerade dieser Teilformel.

Theorem 3.12 (Korrektheit des Automatenmodells für LTL, [43]). *Für ein Alphabet $\Sigma = \mathbb{B}_2{}^{\text{AP}}$ basierend auf der Menge AP der atomaren Proposi-tionen, ein Wort $w \in \Sigma^\omega$ über diesem Alphabet, eine Formel $\varphi \in$ LTL und den zugehörigen alternierenden Büchi-Automat A_φ gilt*

$$[\![(w, 0)]\!] \models \varphi]\!]_{\text{LTL}} = \top \ \text{g.d.w.} \ w \in \mathcal{L}(A_\varphi).$$

Die Korrektheit wird in [43] bewiesen. Abbildung 3.1 zeigt ein Beispiel für die Anwendung der Konstruktion auf die Formel $\Box p$. Man erkennt leicht, dass die Transitionen dieses Automaten durch die Äquivalenzen false $\wedge\, q_0 \equiv$ false und true $\wedge\, q_0 \equiv q_0$ weiter vereinfacht werden kann, sodass ein deterministischer Automat entsteht. Abbildung 3.2 zeigt hingegen ein Beispiel, bei dem nicht so einfach auf die alternierenden Transitionen verzichtet werden kann. Wir betrachten daher nun, wie ein alternierender Büchi-Automat in einen nichtdeterministischen Büchi-Automaten übersetzt werden kann.

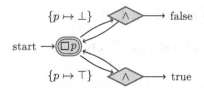

Abb. 3.1 Alternierender Büchi-Automat für die LTL-Formel $\Box p$

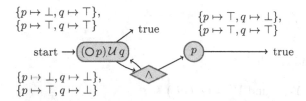

Abb. 3.2 Alternierender Büchi-Automat für die LTL-Formel $(\bigcirc p)\,\mathcal{U}\,q$. In diesem Automaten wurden die Formeln in den alternierenden Transitionen bereits so weit wie möglich vereinfacht.

Lemma 3.13 (Umwandlung eines ABA in einen BA, [18, 43]). *Zu jedem alternierenden Büchi-Automaten A existiert ein äquivalenter Büchi-Automat Ă mit $\mathcal{L}(A) = \mathcal{L}(\breve{A})$.*

Beweis. Sei $A = (\Sigma, Q, q_0, \delta, F)$ ein alternierender Büchi-Automat. Wir beweisen dann die Existenz eines Büchi-Automat $\breve{A}$ mit $\mathcal{L}(A) = \mathcal{L}(\breve{A})$ konstruktiv, in dem wir den Büchi-Automaten $\breve{A} = (\Sigma, \breve{Q}, \breve{Q}_0, \breve{\delta}, \breve{F})$ angeben. Dabei ist

- die Menge der Zustände gegeben als Kreuzprodukt der Potenzmenge $\check{Q} = 2^Q \times 2^Q$,
- die Menge der initialen Zustände gegeben durch die minimalen Modelle von Q_0 als $\check{Q}_0 = \{(X, \emptyset) \mid X \subseteq Q, X \models q_0\}$,
- die Menge der akzeptierenden Zuständen gegeben als Menge $\check{F} = \emptyset \times 2^Q$ aller Zustände mit leerem ersten Element und
- die Transitionsfunktion $\check{\delta} : \check{Q} \times \Sigma \to 2^{\check{Q}}$ wie folgt definiert.

Für einen aktuellen Zustand $q = (U, V) \in \check{Q}$ und ein gelesenes Zeichen $a \in \Sigma$ enthält die Menge $\check{\delta}(q, a) \subseteq \check{Q}$ alle neuen Zustände $q' = (U', V') \in \check{Q}$, für die folgende Bedingung gilt:

- Wenn $U \neq \emptyset$, dann existieren $X, Y \subseteq \check{Q}$, die

$$X \models \bigwedge_{u \in U} \delta(u, a) \text{ und } Y \models \bigwedge_{v \in V} \delta(v, a)$$

erfüllen und es gilt

$$U' = X \backslash F \text{ und } V' = (X \cap F) \cup (Y \backslash U').$$

- Wenn $U = \emptyset$, dann existiert ein $Y \subseteq Q$, dass

$$Y \models \bigwedge_{v \in V} \delta(v, a)$$

erfüllt und es gilt

$$U' = Y \backslash F \text{ und } V' = (Y \cap F).$$

Die leere Konjunktion $\bigwedge_{u \in \emptyset}$ wird dabei als wahr ausgewertet, sodass die leere Menge ein minimales Modell für die leere Konjunktion bildet. $\qquad\Box$

Ein Zustand im Büchi-Automaten besteht also aus zwei Mengen $U, V \subseteq Q$ von Zuständen des alternierenden Büchi-Automaten. Ein Zustand befindet sich dabei entweder in der linken Menge U oder in der rechten Menge V. Der Büchi-Automat merkt sich, auf welchen Pfaden er bereits einen akzeptierenden Zustand gesehen hat, indem die aktuellen Zustände dieser Pfade in die rechte Menge V verschoben werden. Wenn die linke Menge U auf diese Weise leer geworden ist, werden alle nicht akzeptierenden Zustände aus der rechten Menge V wieder in die linke Menge U verschoben. Für die Akzeptanzbedingung des Büchi-Automaten gilt damit, dass unendlich oft ein Zustand mit leerer linker Menge gesehen werden muss. Ist das erfüllt, so wurde auch auf jedem Pfad des alternierenden Büchi-Automaten ein akzeptierender Zustand gesehen.

Wendet man diese Umwandlung auf den Automaten aus Abbildung 3.2 auf Seite 59 an, so erhält man den Automaten aus Abbildung 3.3. Die Simulation des Automaten beginnt im Zustand $q_0 = (\bigcirc p)\,\mathcal{U}\,q$, von wo aus er entweder direkt die Transition nach true wählt wird oder sich anschließend in den Zuständen q_0 und $q_1 = p$ befindet. Für einen akzeptierenden Lauf muss auch hier irgendwann der Übergang nach true gewählt werden.

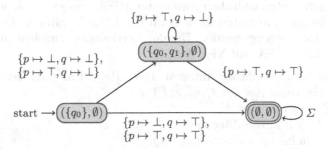

Abb. 3.3 Anwendung der Umwandlung in einen Büchi-Automaten auf den Automaten für die LTL-Formel $(\bigcirc p)\,\mathcal{U}\,q$. Die Zustände bestehen dabei jeweils aus den Mengen U und V.

3.2.2 Automatenmodell für LTL$_3$

Basierend auf dem Automatenmodell für LTL geben wir nun ein Automatenmodell für LTL$_3$ an. Um die Antizipation der Semantik im Automatenmodell zu erreichen, muss in jedem Schritt ein Erfüllbarkeitstest für die noch zu erfüllende Teilformel durchgeführt werden. Der Erfüllbarkeitstest für LTL-Formeln ist kompliziert zu implementieren und PSPACE-Vollständig (vgl. [40]). Aus diesem Grunde implementiert man den Erfüllbarkeitstest als Universalitätstest auf dem Automaten. Im Automatenmodell für eine LTL-Formel entspricht ein Zustand des Automaten der noch zu erfüllenden Teilformel. Wenn man den Automaten so modifiziert, dass man den aktuellen Zustand als initialen Zustand wählt, so kann der Erfüllbarkeitstest der entsprechender Teilformel als Universalitätstest auf diesem Automaten implementiert werden. Da allerdings auch der Universalitätstest auf

Büchi-Automaten PSPACE-Vollständig ist und der Büchi-Automat sogar exponentielle Größe in der Länge der Formel hat, betrachten wir statt der Universalität die Leerheit auf dem Komplementautomaten. Auf dem Büchi-Automaten bietet dies keinen Vorteil, da dieser sich nicht effizient komplementieren lässt, aber betrachtet man die Büchi-Automaten der LTL-Formel φ und der LTL-Formel $\neg\,\varphi$, so kann man Universalität und Leerheit beide durch einen Leerheitstest auf dem entsprechenden Automaten überprüfen.

Dieser Leerheitstest erzeugt aus dem Büchi-Automaten einen nichtdeterministischen endlichen Automaten (NFA), der durch Determinisierung in einen äquivalenten endlichen Automaten (DFA) umgewandelt wird. Aus diesen endlichen Automaten kann dann der LTL$_3$-Monitor in Form einer Moore-Maschine erzeugt werden. Um den Leerheitstest angeben zu können, werden zunächst DFA und NFA definiert.

Definition 3.14 (Endlicher Automat, DFA, [18]). Ein *endlicher Automat (DFA)* ist ein Tupel $\tilde{A} = (\Sigma, \tilde{Q}, \tilde{q}_0, \tilde{\delta}, \tilde{F})$ mit
- einem Eingabealphabet Σ,
- einer endlichen Zustandsmenge $\tilde{Q}$,
- genau einem initialen Zustand $\tilde{q}_0 \in \tilde{Q}$,
- einer Transitionsfunktion $\tilde{\delta}$ und
- einer Menge $\tilde{F}$ der akzeptierenden Zustände.

Der Lauf eines endlichen Automaten $\tilde{A}$ auf einem endlichen Wort $w \in \Sigma^*$ ist eine Funktion $\rho : \{0, 1, \ldots, |w|\} \to \tilde{Q}$, sodass
- der Lauf im initialen Zustand $\rho(0) = \tilde{q}_0$ beginnt und
- für jede Position $i \in \mathbb{N}$ der Folgezustand $\rho(i+1) = \tilde{\delta}(\rho(i), w_i)$ eindeutig definiert ist.

Ein Lauf ist akzeptierend, wenn $\rho(|w|) \in \tilde{F}$ gilt. Der Automat $\tilde{A}$ akzeptiert das Wort w genau dann, wenn der Lauf von w auf $\tilde{A}$ akzeptierend ist.

Definition 3.15 (Nichtdeterministischer endlicher Automat, NFA, [18]). Ein *nichtdeterministischer endlicher Automat (NFA)* ist ein Tupel $\hat{A} = (\Sigma, \hat{Q}, \hat{Q}_0, \hat{\delta}, \hat{F})$ analog zum endlichen Automaten, bis auf
- die Menge $\hat{Q}_0 \subseteq \hat{Q}$ von initialen Zuständen und
- die Transitionsfunktion $\hat{\delta} : \hat{Q} \times \Sigma \to 2^{\hat{Q}}$.

Der Lauf eines nichtdeterministischen endlichen Automaten $\hat{A}$ auf einem endlichen Wort $w \in \Sigma^*$ ist wie beim endlichen Automaten eine Funktion $\rho : \{0, 1, \ldots, |w|\} \to \hat{Q}$, wobei aber in diesem Fall für jede Position $i \in \mathbb{N}$ der Folgezustand $\rho(i+1) \in \hat{\delta}(\rho(i), w_i)$ der Transitionsfunktion entspricht. Ein Lauf ist akzeptierend, wenn $\rho(|w|) \in \hat{F}$ gilt. Der Automat $\hat{A}$ akzeptiert das Wort w genau dann, wenn mindestens ein akzeptierender Lauf von w auf $\hat{A}$ existiert.

Definition 3.16 (Leerheitstest pro Zustand, [2]). Wir betrachten den Büchi-Automat $\check{A} = (\Sigma, \check{Q}, \check{Q}_0, \check{\delta}, \check{F})$. Dann ist $\check{A}(q) = (\Sigma, \check{Q}, \check{Q}_0', \check{\delta}, \check{F})$ der bis auf die Menge der initialen Zustände mit $\check{A}$ übereinstimmende Büchi-Automat. Es gilt $\check{Q}_0' = \{q\}$.

Für den Büchi-Automaten $\check{A}$ definieren wir nun einen nichtdeterministischen endlichen Automaten $\hat{A}$ mit gleicher Zustandsmenge, initialen Zuständen und Transitionsfunktion aber angepasster Menger $\hat{F}$ der akzeptierenden Zustände. Es gilt

$$\hat{F} = \{q \in \check{Q} \mid \mathcal{L}(\check{A}(q)) \neq \emptyset\}.$$

In der praktischen Implementierung wird der nichtdeterministische Automat $\hat{A}$ erzeugt, indem der Büchi-Automat $\check{A}$ minimiert wird. Der minimierte Büchi-Automat $\check{A}_{\min}$ mit Zustandsmenge $\check{Q}_{\min}$ enthält keine Zustände, die nicht in einem akzeptierenden Lauf enthalten sein können. Deswegen gilt dann $\hat{F} = \check{Q}_{\min}$.

Für die beiden Formeln φ und $\neg\varphi$ erzeugt obiger Leerheitstest zwei NFAs. Das folgende Lemma stellt dar, wie die LTL₃-Semantik durch den Lauf dieser beiden endlichen Automaten ausgerechnet werden kann.

Lemma 3.17 (LTL₃-Auswertung, [2]). *Für eine Formel $\varphi \in$ LTL seien A_φ und $A_{\neg\varphi}$ die zugehörigen alternierenden Büchi-Automaten, sodass für ein Wort $w \in \Sigma^\omega$ gilt*

$$[\![(w, 0) \models \varphi]\!]_{\text{LTL}} = \top \text{ genau dann, wenn } w \in \mathcal{L}(A_\varphi) \text{ und}$$
$$[\![(w, 0) \models \neg\varphi]\!]_{\text{LTL}} = \top \text{ genau dann, wenn } w \in \mathcal{L}(A_{\neg\varphi}).$$

Aus den äquivalenten Büchi-Automaten werden nach obiger Definition die nichtdeterministischen Automaten $\hat{A}_\varphi$ und $\hat{A}_{\neg\varphi}$ erzeugt. Dann gilt für ein endliches Wort $w \in \Sigma^*$

$$[\![w \models \varphi]\!]_{\text{LTL}_3} = \begin{cases} \top & \text{wenn } w \notin \mathcal{L}(\hat{A}_{\neg\varphi}) \\ \bot & \text{wenn } w \notin \mathcal{L}(\hat{A}_\varphi) \\ ? & \text{sonst.} \end{cases}$$

Obiges Lemma wird in [2] bewiesen. Aus den beiden Automaten $\hat{A}_\varphi$ und $\hat{A}_{\neg\varphi}$ wird nun entsprechend dieser Auswertung eine Moore-Maschine generiert. Um das Automatenmodell von LTL₃ als Moore-Maschine angeben zu können, betrachten wir zunächst die Umwandlung von einem NFA in einem DFA. Anschließend folgt die Definition einer Moore-Maschine und darauf aufbauend das Automatenmodells von LTL3. Dieses basiert auf den DFAs, die aus den NFAs erzeugt wurden, die aus dem Leerheitstest pro Zustand hervorgegangen sind. Abbildung 3.4 zeigt alle Schritte dieser Umwandlung in einer Übersicht.

$$\begin{array}{cccccc}
\text{LTL} & \text{ABA} & \text{BA} & \text{NFA} & \text{DFA} & \text{Moore}
\end{array}$$

$$\varphi \begin{array}{c} \nearrow \\ \searrow \end{array} \begin{array}{c} \varphi \longrightarrow A_\varphi \longrightarrow \check{A}_\varphi \longrightarrow \hat{A}_\varphi \longrightarrow \tilde{A}_\varphi \searrow \\ \\ \neg\varphi \to A_{\neg\varphi} \to \check{A}_{\neg\varphi} \to \hat{A}_{\neg\varphi} \longrightarrow \tilde{A}_{\neg\varphi} \nearrow \end{array} M_\varphi$$

Abb. 3.4 Übersicht über die einzelnen Schritte der LTL3-Monitorgenerierung

Lemma 3.18 (Umwandlung eines NFA in einen DFA, [18]). *Für jeden nichtdeterministischen endlichen Automaten $\hat{A}$ existiert ein äquivalenter endlicher Automat $\tilde{A}$ mit $\mathcal{L}(\hat{A}) = \mathcal{L}(\tilde{A})$.*

Obiges Lemma kann mit einer Potenzmengenkonstruktion bewiesen werden.

Definition 3.19 (Moore-Maschine, [28]). Eine *Moore-Maschine* ist ein Tupel $\overline{A} = (\Sigma, \overline{Q}, \overline{q}_0, \overline{\Gamma}, \overline{\delta}, \overline{\lambda})$ mit
- einem endlichen Eingabealphabet Σ,
- einer endlichen Zustandsmenge $\overline{Q}$,
- einem initialen Zustand $\overline{q}_0 \in \overline{Q}$,
- einem Ausgabealphabet $\overline{\Gamma}$,
- einer Transitionsfunktion $\overline{\delta} : Q \times \Sigma \to \overline{Q}$ und
- einer Ausgabefunktion $\overline{\lambda} : \overline{Q} \to \overline{\Gamma}$.

Der Lauf einer Moore-Maschine $\overline{A}$ auf einem endlichen Wort $w \in \Sigma^*$ ist eine Funktion $\rho : \{0, 1, \ldots, |w|\} \to \overline{Q}$, sodass
- der Lauf im initialen Zustand $\rho(0) = \overline{q}_0$ beginnt und
- für jede Position $i \in \mathbb{N}$ der Folgezustand $\rho(i+1) = \overline{\delta}(\rho(i), w_i)$ eindeutig definiert ist.

Die Ausgabe der Moore-Maschine M in einem aktuellen Zustand $q \in \overline{Q}$ ist $\overline{\lambda}(q)$. Die Ausgabe des Laufs ρ ist $\overline{\lambda}(\rho(|w|))$.

Definition 3.20 (LTL3-Monitor, [2]). Es sei $\varphi \in \text{LTL}$ eine Formel und die endlichen Automaten

$$\tilde{A}_\varphi = (\Sigma, \tilde{Q}_\varphi, \tilde{q}_{0,\varphi}, \tilde{\delta}_\varphi, \tilde{F}_\varphi) \text{ und}$$
$$\tilde{A}_{\neg\varphi} = (\Sigma, \tilde{Q}_{\neg\varphi}, \tilde{q}_{0,\neg\varphi}, \tilde{\delta}_{\neg\varphi}, \tilde{F}_{\neg\varphi})$$

äquivalent zu den nichtdeterministischen endlichen Automaten $\hat{A}_\varphi$ und $\hat{A}_{\neg\varphi}$, die in Lemma 3.17 auf Seite 63 aus den Büchi-Automaten für φ und $\neg\varphi$ erzeugt wurden.

Der Monitor $\overline{A}_\varphi = (\Sigma, \overline{Q}, \overline{q}_0, \mathbb{B}_3, \overline{\delta}, \overline{\lambda})$ ist dann der Produktautomat $\overline{A}_\varphi = \tilde{A}_\varphi \times \tilde{A}_{\neg\varphi}$ mit

- der Zustandsmenge $\overline{Q} = \tilde{Q}_\varphi \times \tilde{Q}_{\neg\varphi}$,
- dem initialen Zustand $\overline{q}_0 = (\tilde{q}_{0,\varphi}, \tilde{q}_{0,\neg\varphi})$,
- der Transitionsfunktion $\overline{\delta} : \overline{Q} \times \Sigma \to \overline{Q}$ mit

$$\overline{\delta}((q, q'), a) = (\tilde{\delta}_\varphi(q, a), \tilde{\delta}_{\neg\varphi}(q', a))$$

für Zustände $q \in \tilde{Q}_\varphi, q' \in \tilde{Q}_{\neg\varphi}$ und ein Zeichen $a \in \Sigma$ und
- der Ausgabefunktion $\overline{\lambda} : \overline{Q} \to \mathbb{B}_3$ mit

$$\overline{\lambda}((q, q')) = \begin{cases} \top & \text{wenn } q' \notin \tilde{F}_{\neg\varphi} \\ \bot & \text{wenn } q \notin \tilde{F}_\varphi \\ ? & \text{sonst.} \end{cases}$$

Der Monitor M_φ für die Formel φ ergibt sich dann aus der Minimierung von $\overline{A}_\varphi$.

Theorem 3.21 (Korrektheit des LTL₃-Monitors, [2]). *Für ein Alphabet* $\Sigma = \mathbb{B}_2{}^{\text{AP}}$ *basierend auf der Menge* AP *der atomaren Propositionen, ein Wort* $w \in \Sigma^*$ *über diesem Alphabet, eine Formel* $\varphi \in$ LTL *und den zugehörigen LTL₃-Monitor* M_φ *mit Ausgabefunktion* λ_φ, *Transitionsfunktion* δ_φ *und initialem Zustand* $q_{0,\varphi}$ *gilt*

$$[\![(w, 0) \models \varphi]\!]_{\text{LTL}} = \lambda_\varphi(\delta_\varphi^*(q_{0,\varphi}, w)).$$

Dabei ergibt sich $\delta_\varphi^*(w)$ *aus der iterierten Anwendung von* δ_φ, *wobei der neue Zustand jeweils als nächster Zustand verwendet wird.*

Beweis. Die Korrektheit der Aussage folgt direkt aus Definition 3.20 auf der vorherigen Seite und Lemma 3.17 auf Seite 63. □

Das Ergebnis der Monitorgenerierung für die LTL-Formel $p \mathcal{U} q$ ist in Abbildung 3.5 auf der nächsten Seite dargestellt. Man erkennt sofort an der Struktur des Automaten, dass sich mit der ersten Ausgabe eines endgültigen Wahrheitswertes $\top$ oder $\bot$ die Ausgabe nicht mehr ändert.

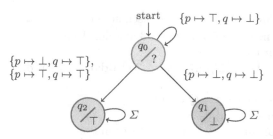

Abb. 3.5 Moore-Maschine der Formel $p\,\mathcal{U}\,q$

3.3 Monitorkonstruktion für DTL

Wir betrachten nun, wie ein Monitoring für die im Rahmen dieser Arbeit entwickelte Distributed Temporal Logic (DTL) realisiert werden kann. Wir betrachten dazu noch einmal den beispielhaften Informationsfluss aus Abbildung 2.3 auf Seite 32. Jeder Agent wird mit beliebig vielen Monitoren ausgestattet, die zunächst nicht kommunizieren können. Diesem Prinzip liegt die bereits beschriebene Idee zugrunde, den zusätzlichen Kommunikationsaufwand durch das Monitoring minimal zu halten. Durch das Monitoring werden keine zusätzlichen Nachrichten verschickt. Benötigt ein Monitor die Ausgabe eines Monitors auf einem entfernten Agenten, so wird diese Ausgabe stattdessen an jede vorhandene Nachricht angehängt, die das System von sich aus verschickt.

Bei der Umsetzung der Informationsübertragung zwischen den Monitoren wissen wir vor der Ausführung des Systems nicht, wann und zwischen welchen Agenten Nachrichten versandt werden. Aus diesem Grund erhält jeder Agent einen Knowledge-Vektor, in dem er sein Wissen über die aktuellen Ausgaben derjenigen Monitore speichert, die von anderen Monitoren benötigt werden. Diese Informationen sind dabei natürlich unterschiedlich aktuell, je nach dem, wann zuletzt eine Information von dem entsprechenden entfernten Agenten eingetroffen ist. Beim Senden einer Nachricht wird immer der gesamte Knowledge-Vektor an die Nachricht angehängt, sodass jeder Agent mit jeder ausgehenden Nachricht sein gesamtes Wissen dem Empfänger zur Verfügung stellt. Um sicherzustellen, dass Werte im Knowledge-Vektor beim Empfang einer Nachricht nur durch neuere Werte ersetzt werden, können zum Beispiel Lamport-Timestamps (vgl. [20]) oder Vektor-Uhren (vgl. [13]) verwendet werden. Bei diesen Verfahren wird im Knowledge-Vektor für jeden Agenten eine Sequenznummer ergänzt. Die

Sequenznummer der eigenen Agenten wird bei jedem Versenden einer Nachricht erhöht. Auf diese Weise kann beim Empfang einer Nachricht überprüft werden, ob die in dieser Nachricht enthaltene Informationen neuer als die vorhandenen sind.

Die in Unterabschnitt 2.7.2 auf Seite 36 vorgestellte DTL-Semantik basiert auf der Aufteilung einer DTL-Formel in eine Hauptformel und entfernte Teilformeln. Die eigentliche Auswertung der Haupt- bzw. Teilformeln findet dann auf der angereicherten Projektion des Wortes unter Verwendung der entsprechenden lokalen Semantik statt. Für jede Haupt- bzw. Teilformel wird daher ein eigener lokaler Monitor passend zur Semantik dieser Formel generiert. Die lokalen atomaren Propositionen für einen solchen Monitor stellt der entsprechende Agent zur Verfügung. Die entfernten Propositionen, die sich in der Semantik aus der Anreicherung ergeben, stehen im Knowledge-Vektor des Agenten zur Verfügung, der immer dann ausgelesen wird, wenn der Monitor die Belegung einer entfernten Proposition benötigt.

Definition 3.22 (Knowledge-Vektor). Für ein verteiltes System bestehend aus Agenten aus $\mathcal{A}$ und n entfernten Teilformeln besteht eine Belegung des Knowledge-Vektors aus zwei Funktionen $v : V = \{1, 2, \ldots, n\} \to \mathbb{B}_3$ und $u : U = \mathcal{A} \to \mathbb{N}$. Die Funktion $v : V$ aus der Belegung eines Knowledge-Vektors weist jeder entfernten Teilformel eine aktuelle Auswertung zu. Die Funktion $u : U$ weist jedem Agenten eine Sequenznummer zu.

Falls die Teilformel in einer zweiwertigen Semantik über $\mathbb{B}_2$ ausgewertet wird, kann das Ergebnis natürlich ebenfalls als Element von $\mathbb{B}_3$ gespeichert werden.

Wir betrachten im Folgenden ein verteiltes System mit Agenten aus $\mathcal{A}$. Für jeden Agenten $A \in \mathcal{A}$ dieses Systems existiert eine Menge M^A an Nachrichtensymbolen, eine Menge an atomaren Propositionen AP^A und damit ein Alphabet $\Sigma^A = \mathbb{B}_2^{\text{AP}^A}$. Daraus ergibt sich das gemeinsame Alphabet

$$\Sigma = \bigcup_{A \in \mathcal{A}} \left(\Sigma^A \times 2^{M^A} \times \{A\} \right).$$

Definition 3.23 (DTL-Monitorsystem). Es sei $\varphi = @^{\text{TL}_0}_{A_0} \psi_0 \in \text{DTL}$ eine Formel bestehend aus der Hauptformel ψ_0, die auf Agent $A_0 \in \mathcal{A}$ in der Semantik TL_0 ausgewertet werden soll, und n entfernten Teilformeln ψ_k für $k \in \{1, 2, \ldots, n\}$, die auf Agenten $A_k \in \mathcal{A}$ in der Semantik TL_k ausgewertet werden. Für die Hauptformel ψ_0 existiere der Monitor M_0 und für jede Teilformel ψ_k der Monitor M_k und die zugehörige entfernte Proposition r_k. Weiter sei $w \in \Sigma^*$ eine Ausführung des verteilten Systems.

Das DTL-*Monitorsystem* M_φ hat einen internen Zustand, der durch Lesen eines Zeichens $a \in \Sigma$ verändert werden kann. Dabei wird für jedes gelesene Zeichen ein Wahrheitswert ausgegeben. Der Zustand z_i des Monitorsystems besteht aus den internen Zuständen der Monitore M_0 und M_k für $k \in \{1, 2, \ldots, n\}$ und den aktuellen Belegungen $(v_i^A, u_i^A) \in (V, U)$ der Knowledge-Vektoren für alle Agenten $A \in \mathcal{A}$ des verteilten Systems. Der initiale Zustand z_0 besteht aus den initialen Zuständen der Monitore und den initialen Belegungen der Knowledge-Vektoren. Für ein gelesene Zeichen $w_i = (s, m, A) \in \Sigma$ des Wortes w führt das DTL-Monitorsystem als Zustandsübergang von z_i nach z_{i+1} auf Agent A die folgenden drei Schritte durch.

1. *Nachrichten empfangen.* Für jede eingehende Nachrichtenmarkierung $\downarrow_\ell^{A'} \in m$ im aktuellen Zeichen w_i existiert eine entsprechende ausgehende Nachrichtenmarkierung $\uparrow_\ell^A$ in einem bereits gelesenen Zeichen w_j. Der aktuelle Knowledge-Vektor $(v, u) \in (V, U)$ wird nun so gebildet, dass für die Belegungen $v(h)$ jedes Monitors M_h unter Maximierung der Sequenznummer $u(A_h)$ entweder die Werte aus dem alten Knowledge-Vektor (v_i^A, u_i^A) oder einem der Knowledge-Vektoren $(v_j^{A'}, u_j^{A'})$ aus den eingegangenen Nachrichten verwendet werden.

2. *Zustandsübergang durchführen.* Für jeden Monitor M_k auf dem aktuellen Agenten $A = A_k$ wird ein Zustandsübergang mit dem Zeichen $\hat{s} \in \widehat{\Sigma}^A$ über dem angereicherten Alphabet von Agent A durchgeführt. $\hat{s}$ enthält dabei die Belegungen der atomaren Propositionen aus dem aktuellen Zeichen $s \in \Sigma^A$ und die Belegungen der benötigten entfernten Propositionen r_h aus dem aktuellen Knowledge-Vektor (v, u), sodass $r_h \mapsto v(h)$ gilt. Für alle Monitore auf anderen Agenten $A' \neq A$ wird der alte Zustand als neuer Zustand weiter benutzt.

3. *Nachrichten senden.* Als neuer Knowledge-Vektor (v_{i+1}^A, u_{i+1}^A) des aktuellen Agenten A wird der aktuelle Knowledge-Vektor (v, u) verwendet. Nur wenn im aktuellen Zeichen w_i ausgehende Nachrichtenmarkierungen $\uparrow_\ell^{A'} \in m$ enthalten sind, wird v_{i+1}^A an den entsprechenden Stellen stattdessen mit den gerade berechneten Ausgaben der Monitore auf Agent A belegt und die Sequenznummer $u_{i+1}^A(A) = u(A) + 1$ hochgezählt. Für alle anderen Agenten $A' \neq A$ wird der alte Knowledge-Vektor als neuer $(v_{i+1}^{A'}, v_{i+1}^{A'}) = (v_i^{A'}, u_i^{A'})$ weiter benutzt.

Die Ausgabe des Monitorsystems M_φ in einem Schritt entspricht der letzten Ausgabe des Hauptmonitors M_0.

Bemerkung 3.24. Da die Ausgabe des DTL-Monitorsystems die Ausgabe des Monitors der Hauptformel übernimmt, kann das Monitorsystem zweiwertig oder dreiwertig sein. Je nach dem, ob diese Ausgabe über $\mathbb{B}_2$ oder $\mathbb{B}_3$ definiert ist.

Die initiale Belegung des Knowledge-Vektors wird zur Zeit der Monitorgenerierung berechnet, sodass alle Agenten mit der gleichen Belegung starten. Für dreiwertige Monitore kann als initiale Ausgabe stets ? angenommen werden, da das Monitoring sonst bereits vor dem Lauf zu einem endgültigen Ergebnis gekommen wäre. Für zweiwertige Monitore hingegen ist die initiale Ausgabe äußerst kritisch, sodass hier abhängig von der Semantik der entsprechenden Formel die initiale Ausgabe des Monitors zur Zeit der Monitorgenerierung berechnet werden muss. Im Falle der in dieser Arbeit verwendeten ptLTL-Monitore wird dazu der erste Schritt des Monitors bereits zur Monitorgenerierung vorweggenommen. Da die Abhängigkeit der Monitore untereinander darauf basiert, wie die Teilformeln in der DTL-Formel ineinander enthalten sind, ist diese stets azyklisch. Steht für die atomaren Proposition ebenfalls jeweils eine initiale Belegung zur Verfügung, so kann der erste Schritt aller Monitore simuliert und die Ausgabe als Belegung des Knowledge-Vektors verwendet werden.

Beispiel 3.25 (Initialisierung des Knowledge-Vektors). Wir betrachten die DTL-Formel

$$@_A^{\text{ptLTL}} (\boxminus @_B^{\text{ptLTL}} p)$$

mit den Agenten A und B und der atomaren Proposition p auf Agent B. Diese wird zerlegt in die Hauptformel $\boxminus r$ auf Agent A mit der entfernten Proposition r, die sich auf die Formel p auf Agent B bezieht. Für die Kommunikation der beiden Monitore wird der Wert der entfernten Proposition r, also die jeweils aktuelle Ausgabe des Monitors für die Formel p im Knowledge-Vektor übertragen. Für ein sinnvolles Monitoring muss in diesem Beispiel die Proposition p und damit die Position für die entfernte Proposition r im Knowledge-Vektor mit $\top$ initialisiert werden. Andernfalls wäre die Ausgabe des Monitors der Hauptformel stets $\bot$, vollkommen unabhängig vom konkreten Lauf des Systems.

Theorem 3.26 (Korrektheit des DTL-Monitorsystems). *Es sei $\varphi \in$ DTL eine Formel und $w \in \Sigma^*$ eine Ausführung des verteilten Systems. Die Ausgabe des DTL-Monitorsystems M_φ nach Lesen der Zeichen von w ist dann $[\![(w, 0) \models \varphi]\!]_{\text{DTL}}$.*

Beweis. Die Ausgabe der Semantikfunktion für eine Formel $\varphi = @_{A_0}^{\text{TL}_0} \psi_0 \in$ DTL und eine Ausführung $w \in \Sigma^*$ des verteilten Systems ist definiert als

$$[\![(w, 0) \models \varphi]\!]_{\mathrm{DTL}} = [\![(\mathrm{enrich}_{\varphi, A_0}(w, |w| - 1), 0) \models \psi]\!]_{\mathrm{TL}_0}.$$

Die Funktion $\mathrm{enrich}_{\varphi, A_0}$ berechnet dabei die angereicherte Projektion des gemeinsamen Wortes w auf Agent A_0. Bei der Projektion werden aus dem Wort über dem gemeinsamen Alphabet nur die Zeichen von Agent A_0 ausgewählt und bei der Anreicherung werden die entfernten Propositionen r_k mit den Auswertungen der Teilformeln ψ_k belegt. Dies geschieht, in dem rekursiv wieder die angereichten Projektionen des gemeinsamen Wortes w auf die entsprechenden Agenten A_r berechnet werden. Hier allerdings nicht für das ganze Wort von Position 0 bis $|w| - 1$, sondern nur bis zur durch die Funktion last_{A_0} definierten letzten bekannten Position. Dies ist die letzte Position im Wort, an der eine Nachricht von Agent A_r versendet wurde, die bereits bei Agent A_0 angekommen ist.

In der DTL-Semantik wird eine Formel ψ_k in der Semantik TL_k auf einer angereicherten Projektionen $\hat{u} \in (\widehat{\Sigma}^{A_k})^*$ ausgewertet. Im DTL-Monitorsystem liest der entsprechende Monitor M_k angereicherte Zeichen $s \in \widehat{\Sigma}^{A_k}$. Unter der Voraussetzung, dass der Monitor M_k der Semantik TL_k von ψ_k entspricht, bleibt zu zeigen, dass die Semantikfunktion und der Monitor auf das gleiche Wort angewendet werden. Die Projektion durch die Funktion $\mathrm{enrich}_{\psi_k, A_k}$ wählt nur Zeichen des Agenten A_k aus und der Zustandsübergang von Monitor M_k wird nur mit Zeichen des Agenten A_k durchgeführt. Es bleibt also zu zeigen, dass die Anreicherung in beiden Fällen die gleichen Belegungen für die dreiwertigen Propositionen r_h liefert, also dass r_h im letzten Zeichen $\hat{u}_j \in \widehat{\Sigma}^{A_k}$ der angereicherten Projektion $\hat{u}$ aus der DTL-Semantik mit dem gleichen Wahrheitswert wie in dem entsprechenden angereicherten Zeichen $\hat{s} \in \widehat{\Sigma}^{A_k}$ aus dem Monitorsystem belegt wird. Beide Zeichen basieren dabei auf dem gleichen Zeichen $w_i = (s, m, A_k)$ der Ausführung des verteilten Systems. Für $\hat{s}$ wird im Monitorsystem mit $r_h \mapsto v(h)$ die Belegung des aktuellen Knowledge-Vektors verwenden. Für $\hat{u}_j$ wird in der Semantikfunktion mit $r_h \mapsto [\![(\mathrm{enrich}_{\varphi_h, A_h}(w, \ell), 0) \models \varphi_h]\!]_{\mathrm{TL}_h}$ stattdessen die Auswertung der Formel φ_h auf der angereicherten Projektion von w bis zur Position ℓ verwendet. Die Position ℓ ist dabei definiert als $\ell = \mathrm{last}_{A_k}(w, A_h, i)$ und gibt die letzte Position in der Ausführung w zurück, an der eine Nachricht von Agent A_h abgeschickt wurde, die in der aktuellen Position i bereits bei A_k angekommen ist. Da w_ℓ zu Agent A_h gehört und eine ausgehende Nachrichtenmarkierung einer Nachricht an Agent A_k enthält, wird im zugehörigen Schritt im Monitorsystem die Ausgabe des Monitors M_h in den Knowledge-Vektor $v_{\ell+1}^{A_h}(h)$ geschrieben. Diese Nachricht ist in einer Position j mit $\ell < j \le i$ bei Agent A_k angekommen, sodass eine eingehende Nachrichtenmarkierung im zu Agent A_k gehörenden Zeichen w_j

enthalten ist. Im zugehörigen Schritt des Monitorsystems wird beim Empfangen der Nachricht der Wert $v_{j+1}^{A_k}(h) = v_{\ell+1}^{A_h}(h)$ im Knowledge-Vektor übernommen. Da ℓ die Position der zuletzt empfangenen Nachricht von Agent A_h ist, wird dieser Wert im Knowledge-Vektor beibehalten, sodass schließlich für den aktuellen Knowledge-Vektor $v(h) = v_{j+1}^{A_k}(h) = v_{\ell+1}^{A_h}(h)$ gilt und damit induktiv die Aussage folgt. □

Mit dieser Konstruktion und den in den vorherigen Abschnitten vorgestellten Monitoren kann das Monitoring von ptLTL-Formeln mit entfernten ptLTL-Formel realisiert werden. Dies entspricht gerade dem Monitoring für ptDTL-Formeln, das in [38] definiert wird. Statt einer ptLTL-Formel kann auch eine LTL$_3$-Formel als Hauptformel mit entfernten ptLTL-Formeln verwendet werden. Abschnitt 4.6 auf Seite 135 enthält Beispiele zu dieser Variante. Eine LTL$_3$-Formel kann allerdings noch nicht als entfernte Formel verwendet werden. Dazu wird im nächsten Abschnitt betrachtet, welche Anpassungen an das Automatenmodell für die korrekte Behandlung von dreiwertigen Propositionen notwendig sind.

3.4 Monitorkonstruktion für fDTL

Um in obiger Monitorkonstruktion für DTL neben ptLTL auch fDTL als Semantik verwenden zu können, wird ein Automatenmodell für fDTL benötigt. Dieses kann analog zur Moore-Maschine für LTL$_3$ konstruiert werden, wobei nur die Umwandlung der Formel in einen alternierenden Büchi-Automaten angepasst werden muss. Mit den aus der fDTL-Formel erzeugten alternierenden Büchi-Automaten können dann alle folgenden Schritte direkt übernommen werden.

Das Ziel ist also, einen alternierenden Büchi-Automaten anzugeben, der ein Wort genau dann akzeptiert, wenn die fDTL-Semantik der zugehörigen Formel für dieses Wort nicht $\bot$ liefert. Auf diese Weise kann insbesondere der Leerheitstest in der folgenden Konstruktion ohne Anpassungen verwendet werden, da der Automat genau dann das Wort nicht akzeptiert, wenn die Semantik zu $\bot$ auswertet. Nur diese Sichtweise ist für die LTL$_3$-Auswertung in Lemma 3.17 auf Seite 63 wichtig.

3.4.1 Automatenmodell für fDTL$_\omega$

Bei der Behandlung von dreiwertigen Propositionen muss der zu definie-
rende Automat insbesondere ausnutzen, dass er nur unvoreingenommene
Worte lesen soll. Eine dreiwertige Proposition wird ihren Wert also nicht
mehr ändern, wenn sie einmal einen der beiden endgültigen Werte $\top$ oder
$\bot$ angenommen hat. Da ein Automat zunächst keine Annahmen über die
Eingaben im nächsten Schritt macht, muss beim ersten Lesen einer endgültigen Belegung für eine dreiwertige Proposition in einen Parallelautomaten
gewechselt werden, dessen Transitionen nicht mehr von der Belegung für
diese Proposition abhängen. Auf diese Weise nutzt der Automat tatsächlich
aus, dass dieser Wert sich nicht mehr ändern wird, sodass die Antizipation aus der Semantik in der Monitorkonstruktion erhalten bleibt. Für die
Realisierung dieser Idee definieren wir zunächst eine Einsetzungsfunktion,
sodass dreiwertige Propositionen in der Formel durch true oder false ersetzt
werden können, um die Formel unabhängig von dieser Proposition weiter
auszuwerten.

Definition 3.27 (Einsetzungsfunktion für fDTL$_\omega$-Formeln). Die *Einset-*
zungsfunktion repl : fDTL $\times \Sigma \to$ fDTL ist gegeben durch

$$\mathrm{repl}(\mathrm{true}, a) = \mathrm{true}, \quad \mathrm{repl}(\mathrm{false}, a) = \mathrm{false},$$
$$\mathrm{repl}(p, a) = p,$$
$$\mathrm{repl}(r, a) = \begin{cases} \mathrm{true} & \text{wenn } a(r) = \top \\ r & \text{wenn } a(r) = ? \\ \mathrm{false} & \text{sonst} \end{cases}$$
$$\mathrm{repl}(\triangleright\varphi, a) = \triangleright\,\mathrm{repl}(\varphi, a),$$
$$\mathrm{repl}(\varphi \diamond \psi, a) = \mathrm{repl}(\varphi, a) \diamond \mathrm{repl}(\psi, a)$$

für Formeln $\varphi, \psi \in$ fDTL, die zweiwertige Proposition $p \in$ AP, die drei-
wertige Proposition $r \in$ CP, unäre Operatoren $\triangleright \in \{\neg, \bigcirc, \bigcirc_\mathrm{w}\}$ und binäre
Operatoren $\diamond \in \{\wedge, \vee, \mathcal{U}, \mathcal{R}\}$.

Um die Zustandsmenge des Automaten angeben zu können, definieren
wir zunächst die Menge aller Formeln, in denen alle möglichen Kombinationen von Einsetzungen vorgenommen wurden. Die Zustandsmenge ergibt
sich dann als die Menge aller Teilformeln aller möglichen Einsetzungen der
Ausgangsformel.

Definition 3.28 (Menge aller möglichen Einsetzungen). Sei CP die Menge der dreiwertigen Propositionen und φ eine fDTL-Formel. Dann ist

$$\text{repl}(\varphi) = \bigcup_{a \in \mathbb{B}_3^{CP}} \text{repl}(\varphi, a)$$

die *Menge aller möglichen Einsetzungen* für φ.

Definition 3.29 (Automatenmodell für fDTL$_\omega$). Sei AP die Menge der zweiwertigen Propositionen und CP die Menge der dreiwertigen Propositionen. Damit sei $\Sigma = \mathbb{B}_2^{AP} \oplus \mathbb{B}_3^{CP}$ das Eingabealphabet.

Für eine Formel $\varphi \in$ fDTL in Negationsnormalform sei der alternierenden Büchi-Automat $A_\varphi = (\Sigma, Q, q_0, \delta, F)$ wie folgt definiert. Die Menge $Q = \text{sub}(\text{repl}(\varphi))$ aller Teilformeln aller Einsetzungen von φ wird als Zustandsmenge verwendet. Der initiale Zustand q_0 und die Transitionsfunktion sind bis auf folgende Anpassungen analog zum Automatenmodell für LTL aus Definition 3.11 auf Seite 58 definiert. Sei $p \in$ AP eine atomare Proposition, $r \in$ CP eine dreiwertige Proposition und $a \in \Sigma$ ein Zeichen der Eingabe. Die Transitionsfunktion $\delta : Q \times \Sigma \to \mathcal{B}^+(Q)$ wird auf dreiwertige Propositionen erweitert. Für die Auswertung von zweiwertigen Propositionen gilt wie bisher auch

$$\delta(p, a) = \begin{cases} \text{true} & \text{wenn } a(p) = \top \\ \text{false} & \text{sonst} \end{cases}$$

$$\delta(\neg p, a) = \begin{cases} \text{false} & \text{wenn } a(p) = \top \\ \text{true} & \text{sonst} \end{cases}$$

Für die Auswertung von dreiwertigen Propositionen gilt hingegen

$$\delta(r, a) = \begin{cases} \text{true} & \text{wenn } a(r) = \top \\ r & \text{wenn } a(r) = ? \\ \text{false} & \text{sonst} \end{cases}$$

$$\delta(\neg r, a) = \begin{cases} \text{false} & \text{wenn } a(r) = \top \\ \neg r & \text{wenn } a(r) = ? \\ \text{true} & \text{sonst} \end{cases}$$

Und für die Auswertung des Operators $\bigcirc$ gilt die Anpassung

$$\delta(\bigcirc \varphi, a) = \text{repl}(\varphi, a).$$

Schließlich ist $F = \{\varphi_1 \,\mathcal{R}\, \varphi_2 \mid \varphi_1, \varphi_2 \in Q\} \cup \{r, \neg r \mid r \in \mathrm{CP}\}$ die Menge der akzeptierenden Zustände.

Genau wie das Automatenmodell für LTL basiert dieses Modell auf den Fixpunktäquivalenzen für die temporalen LTL-Operatoren und dem schrittweisen Auswerten einer LTL-Formel für ein festes Wort. Die Übersetzung des Next-Operators $\bigcirc$ ist dabei in jedem Schritt des Automaten beteiligt. Diese basiert auf der Einsetzungsfunktion repl, sodass in jedem Schritt alle Vorkommen von dreiwertigen Propositionen in der Formel durch true bzw. false substituiert werden, wenn im gelesenen Zeichen a eine entsprechende endgültige Belegung für die jeweilige dreiwertige Proposition enthalten ist. So wird die in Beispiel 2.46 auf Seite 44 vorgeführte Antizipation in der fDTL-Semantik in das fDTL-Automatenmodell übertragen.

Theorem 3.30 (Korrektheit des Automatenmodells für fDTL$_\omega$). *Für eine Formel $\varphi \in$ fDTL und ein Wort $w \in \mathrm{imp}(\Sigma^\omega)$ gilt*

$$w \notin \mathcal{L}(A_\varphi) \ g.d.w. \ [\![w \models \varphi]\!]_{\mathrm{fDTL}_\omega} = \bot.$$

Beweis. Das Automatenmodell für fDTL$_\omega$ unterscheidet sich zum Automatenmodell für LTL in Definition 3.11 auf Seite 58 nur in der zusätzlichen Auswertung von dreiwertigen Propositionen $r \in \mathrm{CP}$, sodass sich dieser Beweis auf diesen Bereich beschränkt. Sei dazu $\Sigma = \mathbb{B}_2{}^{\mathrm{AP}} \oplus \mathbb{B}_3{}^{\mathrm{CP}}$ ein Alphabet, $\varphi \in$ fDTL eine Formel in Negationsnormalform und $w \in \Sigma^\omega$ ein Wort über dem Alphabet mit der Auswertung $[\![(w, 0) \models \varphi]\!]_{\mathrm{fDTL}_\omega} = \bot$, die von der Belegung einer dreiwertigen Proposition $r \in \mathrm{CP}$ abhängt. Dann existiert eine Stelle $k \in \mathbb{N}$ im Wort, wo dieser dreiwertigen Proposition ein endgültiger Wahrheitswert $b \in \mathbb{B}_2$ zugewiesen wird, da diese Position k in der Definition der Semantikfunktion

$$[\![(w, i) \models r]\!]_{\mathrm{fDTL}_\omega} = w_k(r) \ \text{wenn} \ \exists k : w_k(r) \in \mathbb{B}_2$$

verlangt wird. Damit würde jeder Lauf des Automatenmodells A_φ auf dem Wort w in Schritt k eine Kante zu einer erfüllenden Belegung der positiven booleschen Formel false enthalten. Diese existiert selbstverständlich nicht, wird aber von der Transition von Knoten r oder Knoten $\neg r$ nach false im Automaten verlangt. Entsprechend kann kein akzeptierender Lauf existieren, sodass die Hinrichtung der Aussage folgt.

Für die Rückrichtung sei $w \in \Sigma^\omega$ ein Wort mit $w \notin \mathcal{L}(A_\varphi)$, wobei die Akzeptanz des Wortes w vom Automaten A_φ auch hier von der Belegung einer dreiwertigen Proposition $r \in \mathrm{CP}$ abhänge. Dann kann wiederum kein akzep-

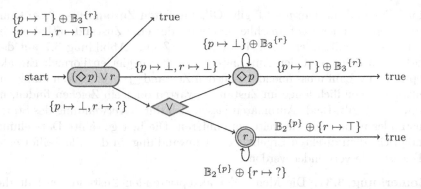

Abb. 3.6 Alternierender Büchi-Automat A_φ für die fDTL-Formel $\varphi = (\lozenge p) \vee r$ mit der zweiwertigen Proposition p und der dreiwertigen Proposition r

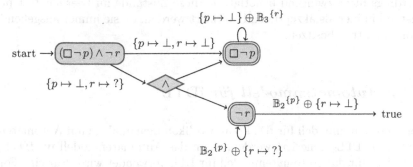

Abb. 3.7 Alternierender Büchi-Automat $A_{\neg \varphi}$ für die negierte fDTL-Formel $\neg \varphi = (\square \neg p) \wedge \neg r$ mit der zweiwertigen Proposition p und der dreiwertigen Proposition r

tierender Lauf existieren, da dieser ebenfalls eine solche Transition enthalten müsste, was die Existenz einer Position k impliziert, sodass $w_k(r) \in \mathbb{B}_2$. $\square$

Man beachte, wie der Existenzquantor in der Semantikfunktion zur Transition korrespondiert, die im Zustand r bzw. $\neg r$ für eine dreiwertige Proposition $r \in \mathrm{CP}$ verbleibt.

Als Beispiel für die Umwandlung betrachten wir die fDTL-Formel $\varphi = (\lozenge p) \vee r$ über dem Alphabet $\Sigma = \mathbb{B}_2{}^{\mathrm{AP}} \otimes \mathbb{B}_3{}^{\mathrm{CP}}$ mit den zweiwertigen Propositionen $\mathrm{AP} = \{p\}$ und den dreiwertigen Propositionen $\mathrm{CP} = \{r\}$. Der zugehörige Automat A_φ wird in Abbildung 3.6 gezeigt: Gilt bereits im ersten Zeichen $p \mapsto \top$, so ist die Formel erfüllt. Gilt $r \mapsto \bot$, so ist dies endgültig, entsprechend wartet der Automat im Zustand $\lozenge p$ unabhängig von r auf einen Zustand, in dem $p \mapsto \top$ gilt. Gilt im ersten Zustand $r \mapsto ?$, so kann ein akzeptierender Lauf anschließend entweder eine Zustand enthalten, in dem $p \mapsto \top$ gilt, oder einen, in dem $r \mapsto ?$ gilt. Abbildung 3.7 auf der vorherigen Seite zeigt den Automaten $A_{\neg \varphi}$ der negierten Formel: Ein akzeptierender Lauf muss unendlich oft den Zustand $\Box \neg p$ enthalten und kann entweder unendlich lange im Zustand r warten oder ein Zeichen finden, in dem $r \mapsto \bot$ gilt. Beide Automaten lassen sich durch Verwendung des Startzustandes in der Schleife weiter minimieren. Die hier gewählte Darstellung entspricht dem direkten Ergebnis der Umwandlung, in der alle Teilformeln als Zustände verwendet werden.

Bemerkung 3.31. Die Menge der akzeptierenden Zustände enthält die Teilformeln r und $\neg r$ für alle dreiwertigen Propositionen r, da die Beweisführung so intuitiver wird. Dies wird für die Monitorkonstruktion für fDTL allerdings nicht zwingend benötigt, da diese Zustände im Leerheitstest pro Zustand immer als akzeptierend markiert werden, da sie immer ausgehende Kanten zu true besitzen.

3.4.2 Automatenmodell für fDTL

Das Automatenmodell für fDTL kann vollkommen analog zum Automatenmodell für LTL$_3$ generiert werden, wenn das Automatenmodell für fDTL$_\omega$ als Ersatz für das Automatenmodell für LTL verwendet wird. Für eine Formel φ werden über alternierenden Büchi-Automaten die Büchi-Automaten $\breve{A}_\varphi$ und $\breve{A}_{\neg \varphi}$ erzeugt, aus denen mit dem Leerheitstest pro Zustand zwei NFAs und damit die beiden DFAs $\tilde{A}_\varphi$ und $\tilde{A}_{\neg \varphi}$ generiert werden. Der Monitor M_φ ergibt sich schließlich aus der Minimierung der Moore-Maschine $\overline{A}_\varphi$, die aus den beiden DFAs konstruiert wurde. Da sich das Automatenmodell für fDTL$_\omega$ auf den Fall $[\![w \models \varphi]\!]_{\text{fDTL}_\omega} = \bot$ beschränkt, verwendet es normale alternierende Büchi-Automaten, sodass der skizzierte Teil der LTL$_3$-Konstruktion, der auf der Umwandlung der Automaten basiert, beibehalten werden kann.

Theorem 3.32 (Korrektheit des fDTL-Monitors). *Für eine Formel $\varphi \in$ fDTL, die zugehörige Moore-Maschine $M_\varphi = (\Sigma, Q, q_0, \delta, \lambda)$ und ein Wort $w \in \text{imp}(\Sigma^*)$ gilt*

$$\lambda(\delta^*(q_0, w)) = [\![w \models \varphi]\!]_{\text{fDTL}}.$$

Wie in Theorem 3.30 auf Seite 74 gezeigt, wird ein Wort $w \in \Sigma^\omega$ im Automatenmodell einer fDTL$_\omega$-Formel genau dann nicht akzeptiert, wenn die Semantikfunktion $\bot$ ausgibt. Liefert die Semantikfunktion ?, akzeptieren also sowohl der positive ABA A_φ als auch der negative ABA $A_{\neg\,\varphi}$ das Wort. Betrachten wir nun den Fall, dass ein endliches Präfix $u \in \Sigma^*$ noch zu einem solchen Wort w erweitert werden kann, weil für eine entfernte Proposition noch kein endgültiger Wahrheitswert vorliegt. In diesem Fall sind die aktuellen Zustände in den jeweiligen NFAs $\hat{A}_\varphi$ und $\hat{A}_{\neg\,\varphi}$ beide akzeptierend, sodass die Moore-Maschine ? ausgibt. Mit dieser Vorüberlegung folgt der Beweis analog zum entsprechenden Theorem 3.21 auf Seite 65 für LTL$_3$ unter Verwendung der LTL$_3$-Auswertung in Lemma 3.17 auf Seite 63.

Bemerkung 3.33 (Antizipation in Semantik und Automatenmodell). Die fDTL-Semantik betrachtet alle gültigen Verlängerungen des Wortes. Gültig sind dabei alle Verlängerungen, die unvoreingenommene Worte erzeugen. Dieser Teil der Antizipation der fDTL-Semantik bleibt im Automaten erhalten, da die beiden ABAs direkt beim ersten Auftreten einer finalen Belegung für eine dreiwertige Proposition diese auch berücksichtigen. Vorher ist über die Belegung dieser Proposition nichts bekannt. Auch dieser Fall entspricht der fDTL-Semantik, in der an diesem Punkt noch keine Belegung angenommen wird, da in der Menge der möglichen Verlängerungen noch beide Varianten enthalten sind.

Das Beispiel aus dem vorherigen Abschnitt wird in Unterabschnitt 4.5.4 auf Seite 128 fortgesetzt. Die beiden Automaten A_φ und $A_{\neg\,\varphi}$ aus Abbildung 3.6 bzw. Abbildung 3.7 auf Seite 75 werden dazu mit dem Leerheitstest in NFAs übersetzt und zu einer Moore-Maschine kombiniert, die in Abbildung 4.9 auf Seite 130 dargestellt wird. Diese enthält zwei Zustände mit der Ausgabe ?, die sich darin unterscheiden, ob r schon endgültig nicht mehr gilt, und einen Zustand mit der Ausgabe $\top$.

3.5 Monitorkonstruktion für fSDTL

In [36] wird ein exaktes Automatenmodell für fSDTL$_\omega$ entwickelt. Dieses Modell basiert auf einem Automaten mit unendlich großem Zustandsraum, da mit jedem gelesenen Wartepunkt in der Eingabesequenz in eine neue Schicht des Automaten gewechselt wird. In der Monitorkonstruktion für fSDTL wird dann nicht nur ein einzelner Monitor betrachtet, sondern auch die Kommunikation der verschiedenen Monitore berücksichtigt. Ein Monitor besteht daher aus einem Formelautomaten, der die Formel für ein Wort von Beginn an auswertet und unendlich vielen Sendepunktautomaten, die vor dem Beginn der Auswertung zunächst auf ihren Sendepunkt warten. Aufgrund der Komplexität dieses Modells wird es im Rahmen dieser Arbeit nicht näher betrachtet. Stattdessen wird im folgenden Abschnitt ein approximatives Automatenmodell basierend auf einem nicht exakten Leerheitstest direkt auf dem alternierenden Büchi-Automaten angegeben. In diesem Abschnitt betrachten wir zunächst, welche Auswirkungen es hat, den Leerheitstest aus Definition 3.16 auf Seite 63 direkt auf alternierenden Büchi-Automaten durchzuführen. Statt dem nichtdeterministischen endlichen Automaten entsteht in diesem Fall ein alternierender endlicher Automat auf endlichen Worten. So kann vollständig auf den Büchi-Automaten verzichtet werden.

3.5.1 Approximatives Automatenmodell für LTL₃

Alternierende endliche Automaten verwenden wie alternierenden Büchi-Automaten eine Transitionsfunktion, die von einem Zustand und einem gelesenen Zeichen auf eine positive boolesche Kombination von Zuständen verweist. Auf endlichen Worten wird allerdings die Akzeptanzbedingung von DFAs und NFAs verwendet, bei der sich der Automat im letzten Schritt eines Laufes nur noch in akzeptierenden Zuständen befinden darf. Alternierende endliche Automaten werden unter anderem in [18, Kapitel 3 Alternierende, endliche Automaten] ausführlich untersucht.

Definition 3.34 (Alternierender endlicher Automat, AFA, [18]). Ein *alternierender endlicher Automat (AFA)* ist ein Tupel $\acute{A} = (\varSigma, \acute{Q}, \acute{q}_0, \acute{\delta}, \acute{F})$ analog zum endlichen Automaten, bis auf
- die positive boolesche Kombination $\acute{q}_0 \in \mathcal{B}^+(\acute{Q})$ von initialen Zuständen und
- die Transitionsfunktion $\acute{\delta} : \acute{Q} \times \varSigma \to \mathcal{B}^+(\acute{Q})$.

Der Lauf eines alternierenden endlichen Automaten $\acute{A}$ auf einem endlichen Wort $w \in \varSigma^*$ ist ein azyklischer gerichteter Graph (V, E) für die Beschriftungen ℓ und h analog zum alternierenden Büchi-Automaten aus Definition 3.9 auf Seite 56 existieren. Ein Lauf erfüllt die ebenfalls aus dem alternierenden Büchi-Automaten bekannten Eigenschaften, dabei muss die Transitionsfunktion allerdings für Knoten $v \in V$ der letzten Ebene $h(v) = |w|$ nicht erfüllt werden.

Ein Lauf (V, E) ist akzeptierend, wenn alle Knoten $v \in V$ der letzten Ebene $h(v) = |w|$ mit einem akzeptierenden Zustand $h(v) \in F$ beschriftet sind. Der Automat $\acute{A}$ akzeptiert das Wort w genau dann, wenn mindestens ein akzeptierender Lauf von w auf $\acute{A}$ existiert.

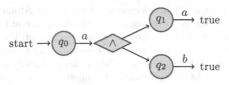

Abb. 3.8 Alternierender Büchi-Automat A über dem Alphabet $\Sigma = \{a, b\}$

Beispiel 3.35 (Naive Anwendung des Leerheitstests auf alternierenden Büchi-Automaten). Wir betrachten das Alphabet $\Sigma = \{a, b\}$ und den durch den Graphen in Abbildung 3.8 gegebenen alternierenden Büchi-Automaten A auf diesem Alphabet. Analog zu Definition 3.16 auf Seite 63 betrachten wir die Büchi-Automaten mit modifiziertem initialen Zustand. Die Sprache $\mathcal{L}(A(q_0)) = \mathcal{L}(A)$ ist leer, da der Automat im zweiten Zeichen der Eingabe gleichzeitig ein a und ein b lesen will. Da $a, b \in \Sigma$ in diesem Beispiel direkt Zeichen des Alphabets sind, kann ein solches Wort nicht existieren. Die Sprachen $\mathcal{L}(A(q_1))$ und $\mathcal{L}(A(q_2))$ sind hingegen nicht leer, da zum Beispiel $a^\omega \in \mathcal{L}(A(q_1))$ und $b^\omega \in \mathcal{L}(A(q_2))$ gilt. Analog zum Leerheitstest pro Zustand auf Büchi-Automaten erhalten wir mit der neuen Menge der akzeptierenden Zustände

$$\acute{F} = \{q \in Q \mid \mathcal{L}(A(q) \neq \emptyset)\}$$

den durch den Graphen in Abbildung 3.9 auf der nächsten Seite gegebenen alternierenden endlichen Automaten $\acute{A}$.

Um einen AFA zur weiteren Verwendung in einen NFA umzuwandeln wird die Potenzmengenkonstruktion aus dem folgenden Beweis verwendet. Diese orientiert sich an der klassischen Potenzmengenkonstruktion zur Umwandlung eines NFA in einen DFA aus Lemma 3.18 auf Seite 64. Da die Akzeptanzbedingung sich nur an den Zuständen der letzten Ebene des Laufes orientiert, ist die etwas kompliziertere Konstruktion zur Umwandlung eines ABA in einen BA aus Lemma 3.13 auf Seite 59 hier nicht nötig.

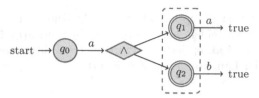

Abb. 3.9 Alternierender endlicher Automat $\acute{A}$ über dem Alphabet $\Sigma = \{a, b\}$, der aus dem alternierenden Büchi-Automaten A in Abbildung 3.8 auf der vorherigen Seite durch naive Anwendung des Leerheitstests hervorgegangen ist. Die markierten Zustände sind nach dem Leerheitstest beide akzeptierend, befindet sich der Automat allerdings in beiden Zuständen gleichzeitig, so existiert keine ausgehende Kante, sodass der entsprechende Zustand nicht akzeptierend sein müsste.

Lemma 3.36 (Umwandlung eines AFA in einen NFA, [18]). *Zu jedem alternierenden endlichen Automaten $\acute{A}$ existiert ein äquivalenter nichtdeterministischer endlicher Automat $\hat{A}$ mit $\mathcal{L}(\acute{A}) = \mathcal{L}(\hat{A})$.*

Beweis. Sei $\acute{A} = (\Sigma, \acute{Q}, \acute{q}_0, \acute{\delta}, \acute{F})$ ein alternierender endlicher Automat. Wir beweisen dann die Existenz eines nichtdeterministischen endlichen Automaten $\hat{A}$ mit $\mathcal{L}(\acute{A}) = \mathcal{L}(\hat{A})$ konstruktiv, in dem wir $\hat{A} = (\Sigma, \hat{Q}, \hat{Q}_0, \hat{\delta}, \hat{F})$ angeben. Dabei ist

– die Menge der Zustände gegeben als Potenzmenge $\hat{Q} = 2^{\acute{Q}}$,
– die Menge der initialen Zustände gegeben durch die minimalen Modelle von $\acute{q}_0$ als $\hat{Q}_0 = \{X \mid X \subseteq \acute{Q}, X \models \acute{q}_0\}$,
– die Menge der akzeptierenden Zuständen gegeben als Menge $\hat{F} = \{q \mid q \subseteq \acute{F}\}$ aller Zustände, die nur aus akzeptierenden Zuständen bestehen, und
– die Transitionsfunktion $\hat{\delta} : \hat{Q} \times \Sigma \to 2^{\hat{Q}}$ wie folgt definiert.
Für einen aktuellen Zustand $q \in \hat{Q}$, ein gelesenes Zeichen $a \in \Sigma$ enthält die Menge $\hat{\delta}(q, a) \subseteq \hat{Q}$ alle neuen Zustände $q' \in \hat{Q}$, für die

$$ q' \models \bigwedge_{u \in q} \delta(u, a) $$

gilt. Die leere Konjunktion $\bigwedge_{u \in \emptyset}$ wird dabei auch hier als wahr ausgewertet, sodass $\hat{\delta}(\emptyset, a) = \emptyset$ gilt. Bei $\emptyset \in \hat{F}$ handelt es sich weiter um einen akzeptierenden Zustand. $\qquad\Box$

Beispiel 3.37 (Fortsetzung von Beispiel 3.35 auf der vorherigen Seite). Für den im vorherigen Beispiel betrachteten alternierenden endlichen Automaten $\acute{A}$ erhalten wir mit obiger Konstruktion den durch folgenden Graphen gegebenen endlichen Automaten $\hat{A}$.

$$\text{start} \longrightarrow \boxed{\{q_0\}} \xrightarrow{\ a\ } \boxed{\boxed{\{q_1, q_2\}}}$$

Der Zustand $\{q_1, q_2\}$ hat dabei keine ausgehende Kante, da kein minimales Modell für $\hat{\delta}(q_1, a) \wedge \hat{\delta}(q_2, a) = \text{false}$ oder $\hat{\delta}(q_1, b) \wedge \hat{\delta}(q_2, b) = \text{false}$ existiert. Der Zustand ist trotzdem akzeptierend, da beide enthaltenen Zustände von $\acute{A}$ akzeptierend sind. Die naive Anwendung des Leerheitstests auf alternierenden Büchi-Automaten liefert in diesem Fall also zu viele akzeptierende Zustände.

Darüber hinaus kann der Leerheitstest auf dem alternierenden Büchi-Automaten nicht effizient implementiert werden. Um im vorherigen Beispiel zu erkennen, dass der Zustand q_0 in $\acute{A}$ nicht akzeptierend ist, muss praktisch der Büchi-Automat simuliert werden: Ein Zustand ist genau dann nicht leer, wenn es eine Eingabesequenz gibt, die von diesem Zustand zu akzeptierenden Zuständen gelangt. Bei jeder Und-Kante müssen dabei beide folgenden Pfade zu einem akzeptierenden Zustand führen. Dabei muss aber berücksichtigt werden, dass auf allen parallelen Pfaden die gleiche Eingabesequenz gelesen wird. Will man das berücksichtigen, muss man implizit die Zustandsmenge des Büchi-Automaten aufbauen. Ignoriert man diese Bedingung, so entsteht eine Überapproximation, da eventuell zu viele Zustände als akzeptierend markiert werden, weil nicht berücksichtigt wird, dass Kanten aus parallelen Pfaden nicht gleichzeitig gewählt werden können. Diese Approximation des Leerheitstests kann dafür effizient auf dem alternierenden Büchi-Automaten durchgeführt werden. Damit kann natürlich nicht das gleiche Ergebnis wie mit der LTL$_3$-Monitorkonstruktion aus dem vorherigen Kapitel erreicht werden, aber dafür entfällt die Notwendigkeit, die Zustandsmenge des Büchi-Automaten explizit aufzubauen.

Definition 3.38 (Approximativer Leerheitstest pro Zustand im AFA). Es sei $A = (\Sigma, Q, q_0, \delta, F)$ ein alternierender Büchi-Automat. Für A definieren wir nun einen alternierenden endlichen Automaten $\acute{A}$ mit gleicher Zustandsmenge, initialen Zuständen und Transitionsfunktion, aber angepasster Menge $\acute{F}$ der akzeptierenden Zustände. Es gilt

$$\acute{F} = \{q \in Q \mid \text{reach}_A(q) \cap (F \cup T) \neq \emptyset\}.$$

Dabei ist die Menge $T \subseteq Q$ der Zustände mit Transitionen zu true definiert als

$$T = \{q \in Q \mid \exists a \in \Sigma : \delta(q,a) \equiv \text{true}\}$$

und die Menge $\text{reach}_A(q)$ der von q aus erreichbaren Zustände induktiv gegeben durch
- $q \in \text{reach}_A(q)$ und
- $\forall a \in \Sigma : \forall q' \in \text{reach}_A(q) : \delta(q',a) \subseteq \text{reach}_A(q)$.

Dabei wird die positive boolesche Kombination $\delta(q',a) \in \mathcal{B}^+(Q)$ in obiger Notation als Menge der in der Formel enthaltenen Elemente missbraucht.

Im folgenden werden wir die Güte dieser Approximation genauer untersuchen.

Lemma 3.39 (Approximationsgüte des Leerheitstests im AFA). *Es sei $\varphi \in \text{LTL}$ eine Formel und $\hat{A}$ der zugehörige nichtdeterministische endliche Automat, erhalten durch den Leerheitstest pro Zustand. Weiter sei $\acute{A}$ der zugehörige alternierende endliche Automat, erhalten durch den approximativen Leerheitstest pro Zustand. Dann gilt $\mathcal{L}(\hat{A}) \subseteq \mathcal{L}(\acute{A})$.*

Beweis. Es sei A der zu φ gehörige alternierende Büchi-Automat und $\check{A}$ der äquivalente Büchi-Automat. Weiter sei $\check{A}(q)$ der in Definition 3.16 auf Seite 63 definierte Büchi-Automat, der $\check{A}$ mit angepasstem initialen Zustand entspricht.

Ein Zustand $q \in \check{Q}$ im nichtdeterministischen endlichen Automaten $\hat{A}$ ist genau dann akzeptierend, wenn die Sprache $\mathcal{L}(\check{A}(q))$ nicht leer ist. Wenn diese Sprache nicht leer ist, muss vom Zustand q im Büchi-Automaten $\check{A}$ aus ein Weg zu einem akzeptierenden Zustand $q' \in \check{F}$ existieren. Der Büchi-Automat $\check{A}$ ist über eine Potenzmengenkonstruktion aus dem alternierenden Büchi-Automaten A entstanden. Also besteht der Zustand q des Büchi-Automaten $\check{A}$ aus einer Menge von Zuständen des alternierenden Büchi-Automaten A. Den beschriebenen Weg zu einem akzeptierenden Zustand $q' \in \check{F}$ kann man daher für alle diese Zustände im alternierenden Büchi-Automaten nachvollziehen, wobei es möglich ist, dass Wege frühzeitig in Transitionen zu true enden. Die entsprechenden Zustände sind also auch im alternierenden endlichen Automaten $\acute{A}$ akzeptierend. □

Theorem 3.40 (Approximationsgüte des Leerheitstests im AFA). *Es sei $\varphi \in \text{LTL}$ eine Formel und $\overline{A}_\varphi$ der zugehörige Monitor generiert mit der LTL_3-Monitorgenerierung aus Definition 3.20 auf Seite 64 angewendet auf die mit dem approximativen Leerheitstest pro Zustand aus Definition 3.38 auf der vorherigen Seite generierten Automaten. Dann gilt für ein endliches Wort $w \in \Sigma^*$ im Vergleich mit der FLTL_3-Semantik*

$$\llbracket w \models \varphi \rrbracket_{\mathrm{FLTL_3}} = \top \Rightarrow \lambda_\varphi(\delta_\varphi^*(q_{0,\varphi}, w)) = \top$$
$$\llbracket w \models \varphi \rrbracket_{\mathrm{FLTL_3}} = \bot \Rightarrow \lambda_\varphi(\delta_\varphi^*(q_{0,\varphi}, w)) = \bot$$
$$\lambda_\varphi(\delta_\varphi^*(q_{0,\varphi}, w)) = ? \Rightarrow \llbracket w \models \varphi \rrbracket_{\mathrm{FLTL_3}} = ?.$$

und im Vergleich mit der LTL$_3$-Semantik

$$\lambda_\varphi(\delta_\varphi^*(q_{0,\varphi}, w)) = \top \Rightarrow \llbracket w \models \varphi \rrbracket_{\mathrm{LTL_3}} = \top$$
$$\lambda_\varphi(\delta_\varphi^*(q_{0,\varphi}, w)) = \bot \Rightarrow \llbracket w \models \varphi \rrbracket_{\mathrm{LTL_3}} = \bot$$
$$\llbracket w \models \varphi \rrbracket_{\mathrm{LTL_3}} = ? \Rightarrow \lambda_\varphi(\delta_\varphi^*(q_{0,\varphi}, w)) = ?.$$

Beweis. Die Aussagen im Vergleich mit der LTL$_3$-Semantik folgen direkt aus Lemma 3.39 auf der vorherigen Seite.

Betrachten wir nun die erste Aussage im Vergleich mit der FLTL$_3$-Semantik. Dazu sei $\varphi \in \mathrm{LTL}$ eine Formel und $w \in \Sigma^*$ ein Wort, sodass $\llbracket w \models \varphi \rrbracket_{\mathrm{FLTL_3}} = \top$ gilt. Daraus folgt direkt $\llbracket w \models \neg \varphi \rrbracket_{\mathrm{FLTL_3}} = \bot$. Es sei nun $A_{\neg\varphi}$ der zu $\neg\varphi$ gehörende alternierende Büchi-Automat. Da die FLTL$_3$-Semantik impartial ist, gilt für jede beliebige Fortsetzung $w' \in \Sigma^\omega$ des Wortes w die Beziehung $ww' \notin \mathcal{L}(A_{\neg\varphi})$. Ein Wort ist nicht in der Sprache eines alternierende Büchi-Automaten, wenn entweder für dieses Wort kein Lauf auf dem Automaten existiert, oder alle existierenden Läufe nicht akzeptierend sind. Im Falle von $ww' \notin \mathcal{L}(A_{\neg\varphi})$ existiert kein Lauf, da bereits nach der Auswertung eines endlichen Präfixes eindeutig feststeht, dass das Wort kein Modell ist. Die iterierte Anwendung der Transitionsfunktion liefert also an diesem Punkt die nicht erfüllbare Formel false, denn die FLTL$_3$-Semantik wertet nur zu $\bot$ aus, wenn in der schrittweisen Auswertung der Formel für das gegebene Wort ab einem bestimmten Punkt die Formel false für die weitere Auswertung erfüllt werden muss. Da für das Wort ww' kein Lauf im alternierenden Büchi-Automaten $A_{\neg\varphi}$ existiert, existiert für dieses Wort auch kein Lauf im alternierenden endlichen Automaten $\acute{A}_{\neg\varphi}$. Wir erhalten $w \notin \mathcal{L}(\acute{A}_{\neg\varphi})$ und damit $\llbracket w \models \varphi \rrbracket_{\mathrm{LTL_3}} = \top$.

Der Fall $\llbracket w \models \varphi \rrbracket_{\mathrm{FLTL_3}} = \bot$ kann analog dazu betrachtet werden. Die letzte Aussage im Vergleich mit der FLTL$_3$-Semantik folgt indirekt aus der Umkehrung der beiden vorherigen Implikationen. $\square$

Wir haben also nachgewiesen, dass die Monitorkonstruktion unter Verwendung des approximativen Leerheitstests pro Zustand in der Güte zwischen der FLTL$_3$- und der LTL$_3$-Semantik liegt.

3.5.2 Automatenmodell für fSDTL$_\omega$

In diesem Abschnitt wird die Idee des approximativen Leerheitstest pro Zustand für LTL$_3$ erweitert, um einen approximativen Monitor für fSDTL zu generieren. Diese im Folgenden vorgestellte Monitorkonstruktion benötigt einen Speicher nicht konstanter Größer. Dieser Speicher enthält die zuletzt gelesenen Wartepunkte und Informationen, welche dreiwertigen Propositionen, deren Belegungen aktuell noch nicht bekannt sind, in Zukunft noch berücksichtigt werden müssen. Darüber hinaus muss die hier vorgestellte Konstruktion analog zum Automatenmodell aus [36] für jeden gelesenen Sendepunkt erneut ausgeführt werden, um für jeden Sendepunkt eine unabhängige Monitorausgabe zu berechnen.

Wir definieren zunächst, wie aus einer fSDTL-Formel ein alternierender Büchi-Automat generiert werden kann. Da dieser natürlich keinen Speicher besitzt, wird der Lauf dieses Automaten zunächst nicht der Semantik der verwendeten fSDTL-Formel entsprechen. Wir werden daher im Anschluss den indizierten Lauf eines ABA definieren, der diesen benötigten Speicher modelliert.

Definition 3.41 (Automatenmodell für fSDTL$_\omega$). Sei AP die Menge der zweiwertigen Propositionen, CP die Menge der dreiwertigen Propositionen und WP die Menge der Wartepunkte. Damit sei $\Sigma = \mathbb{B}_2{}^{AP} \oplus \mathbb{B}_3{}^{\widehat{CP}} \oplus \widetilde{WP}$ das Eingabealphabet.

In diesem Automatenmodell wird für eine Formel $\varphi \in$ fSDTL in Negationsnormalform ein alternierender Büchi-Automat $A_\varphi = (\Sigma, Q, q_0, \delta, F)$ generiert. Das Automatenmodell entspricht bis auf die Anpassungen für dreiwertige Propositionen dem Automatenmodell für LTL aus Definition 3.11 auf Seite 58. Die Zustandsmenge $Q = \mathrm{sub}(\varphi)$ besteht aus der Menge aller Teilformeln, die natürlich auch die dreiwertigen Propositionen und deren negierte Varianten enthalten, wenn diese in der Formel vorkommen. Die Menge $F = \{\varphi_1 \mathcal{R} \varphi_2 \mid \varphi_1, \varphi_2 \in Q\} \cup \{r, \neg r \mid r \in Q \wedge r \in CP\}$ der akzeptierenden Zustände enthält zusätzlich alle vorkommenden (negierten) dreiwertigen Propositionen. Die Transitionsfunktion $\delta : Q \times \Sigma \to \mathcal{B}^+(Q)$ ist allerdings zunächst unabhängig von den Wartepunkten und der konkreten Belegung der dreiwertigen Propositionen definiert. Es sei $p \in$ AP eine zweiwertige Proposition, $r \in$ CP eine dreiwertige Proposition und $a \in \Sigma$ ein Zeichen. Für die Auswertung von zweiwertigen Propositionen gilt damit in der induktiven Definition der Transitionsfunktion wie bisher auch

$$\delta(p, a) = \begin{cases} \text{true} & \text{wenn } a(p) = \top \\ \text{false} & \text{sonst} \end{cases}$$

$$\delta(\neg p, a) = \begin{cases} \text{false} & \text{wenn } a(p) = \top \\ \text{true} & \text{sonst} \end{cases}$$

Für die Auswertung von dreiwertigen Propositionen gilt hingegen

$$\delta(r, a) = r$$
$$\delta(\neg r, a) = \neg r$$

Auf diese Weise wird für eine fSDTL-Formel φ ein Automat A_φ mit endlichem Zustandsraum definiert. $|Q| < \infty$ gilt, da hier die Menge der dreiwertigen Propositionen CP und nicht die Menge der indizierten dreiwertigen Propositionen $\widehat{\text{CP}}$ verwendet wird. Die Transitionsfunktion auf Q und Σ ist entsprechend in dem Sinne endlich, dass die Funktion nur in Abhängigkeit der Belegung der atomaren Propositionen definiert ist, wobei natürlich wie immer $|\text{AP}| < \infty$ gilt.

Beispiel 3.42 (Automatenmodell für fSDTL$_\omega$). Wir betrachten ein verteiltes System mit zwei Agenten, sodass $I_\mathcal{A} = \{0, 1\}$ die Menge der Indizes der Agenten ist. Weiter sei $\varphi = \Box(p \wedge r)$ eine fSDTL-Formel über dem Alphabet $\Sigma = \mathbb{B}_2{}^{\text{AP}} \oplus \widetilde{\text{WP}} \oplus \mathbb{B}_3{}^{\widehat{\text{CP}}}$ mit den zweiwertigen Propositionen AP $= \{p\}$, den dreiwertigen Propositionen CP $= \{r\}$ und damit den indizierten dreiwertigen Propositionen $\widehat{\text{CP}} = \{r_i \mid i \in \mathbb{N}\}$. Die entfernte Proposition r gehört zum Agenten mit Index 1, sodass die Wartepunkte $\widetilde{\text{WP}} = \{\lambda_i^1 \mid i \in \mathbb{N}\}$ benötigt werden. Der entsprechende alternierende Büchi-Automat A_φ ist durch den folgenden Graphen dargestellt.

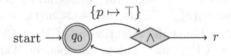

Da die Bedeutung des Zustands r erst im indizierten Lauf deutlich wird, ist dieser nicht als echter Knoten dargestellt. Formal handelt es sich allerdings eigentlich um einen akzeptierenden Knoten. Der Zustand q_0 entspricht dabei der Formel $\varphi = \Box(p \wedge r)$.

Da die Transitionsfunktion des Automaten A_φ aus der obigen Definition unabhängig von den Wartepunkten und der Belegung der dreiwertigen

Propositionen definiert ist, entspricht der Lauf dieses Automaten nicht der
fSDTL-Semantik der Formel φ und wird hier nicht näher betrachtet.

Wir wollen nun den indizierten Lauf eines alternierenden Büchi-Automaten definieren, um eine Transition nach r bzw. $\neg r$ für $r \in \mathrm{CP}$ entsprechend
der fSDTL-Semantik zu behandeln. In einem solchen Zustand muss sich der
Automat dazu zusätzlich merken, um welche indizierte dreiwertige Proposition es sich handelt. Dies entspricht der Frage, ab welchem Sendepunkt die
Auswertung der entsprechenden entfernten Teilformel beginnen soll.

Definition 3.43 (Indizierter Lauf eines ABA). Der *indizierte Lauf* eines
alternierenden Büchi-Automaten A basiert auf dem Lauf eines alternierenden Büchi-Automaten wie dieser in Definition 3.9 auf Seite 56 angegeben
ist. Sei dazu AP die Menge der zweiwertigen Propositionen, CP die Menge der dreiwertigen Propositionen und WP die Menge der Wartepunkte.
Weiter sei $I_{\mathcal{A}} = \{1, 2, \ldots, |\mathcal{A}|\}$ die Menge der Indizes der Agenten und
damit $\Sigma = \mathbb{B}_2{}^{\mathrm{AP}} \oplus \mathbb{B}_3{}^{\widehat{\mathrm{CP}}} \oplus \widehat{\mathrm{WP}}$ das Eingabealphabet. Schließlich gelte
$\neg\,\mathrm{CP} = \{\neg r \mid r \in \mathrm{CP}\}$ und $\neg\,\widehat{\mathrm{CP}} = \{\neg r_h \mid r_h \in \widehat{\mathrm{CP}}\}$. Damit sei
$\hat{Q} = Q \cup \widehat{\mathrm{CP}} \cup \neg\,\widehat{\mathrm{CP}}$ eine abkürzende Schreibweise für die erweiterte Zustandsmenge.

Der indizierte Lauf auf einem unendlichen Wort $w \in \mathrm{imp}(\Sigma^\omega)$ ist ein
azyklischer gerichteter Graph (V, E) für den Beschriftungen $\ell : V \to \hat{Q}$,
$h : V \to \mathbb{N}$ und $m : \mathbb{N} \to \mathbb{N}^{|\mathcal{A}|}$ existieren. Dabei ordnet ℓ jedem Knoten
einen Zustand oder eine dreiwertige indizierte Proposition zu, h ordnet jedem Knoten eindeutig eine Ebene zu und m enthält für jede Ebene die
zuletzt gelesenen Wartepunkte. Ein indizierter Lauf erfüllt die folgenden
Eigenschaften:

- Die Funktion m wird mit dem Nullvektor $m(0) = 0^{|\mathcal{A}|}$ initialisiert. Für
  die folgenden Ebenen $i > 0$ gilt für Agentenindex $p \in I_{\mathcal{A}}$ des Vektors
  $m(i)_p = h$, wenn $w_i(\lambda_h^p) = \top$ gilt und sonst $m(i)_p = m(i-1)_p$.

- Für Ebene $i \in \mathbb{N}$ bildet die Funktion $c_i : \mathrm{CP} \to \widehat{\mathrm{CP}}$ eine dreiwertige
  Proposition $r \in \mathrm{CP}$ je nach zuletzt gesehenem Wartepunkt auf eine
  indizierte dreiwertige Proposition $r_h \in \widehat{\mathrm{CP}}$ ab. Dazu sei $p_r \in I_{\mathcal{A}}$ der
  zu r zugehörige Agentenindex. Dann gilt $c(r) = r_h$ genau dann, wenn
  $m(i)_{p_r} = h$.

- Die Beschriftungen der Knoten auf Höhe 0 bilden ein minimales Modell
  für die erweiterte positive boolesche Kombination der initialen Zustände. Es gilt $\{\ell(v) \mid v \in h^{-1}(0)\} \models \hat{q}_0$. Die positive boolesche Kombination
  $\hat{q}_0 \in \mathcal{B}^+(\hat{Q})$ entspricht dabei der Kombination $q_0 \in \mathcal{B}^+(Q)$, in der alle

Zustände $r \in \mathrm{CP}$ bzw. $\neg r \in \neg\,\mathrm{CP}$ durch die (negierte) indizierte dreiwertige Proposition $c_0(r) \in \widehat{\mathrm{CP}}$ bzw. $\neg c_0(r) \in \neg\,\widehat{\mathrm{CP}}$ ersetzt wurden.

- Die erweiterte Transitionsfunktion $\hat{\delta}_i : \hat{Q} \times \Sigma \to \mathcal{B}^+(\hat{Q})$ für Ebene i ist
  für einen Zustand $q \in Q$, eine dreiwertige Proposition $r \in \mathrm{CP}$ und ein
  Zeichen $a \in \Sigma$ wie folgt definiert.

$$\hat{\delta}_i(r, a) = \hat{\delta}_i(c_i(r), a)$$

$$\hat{\delta}_i(\neg r, a) = \hat{\delta}_i(\neg c_i(r), a)$$

$$\hat{\delta}_i(r_h, a) = \begin{cases} \text{true} & \text{wenn } w_i(r_h) = \top \\ r_h & \text{wenn } w_i(r_h) = ? \\ \text{false} & \text{sonst} \end{cases}$$

$$\hat{\delta}_i(\neg r_h, a) = \begin{cases} \text{true} & \text{wenn } w_i(r_h) = \bot \\ r_h & \text{wenn } w_i(r_h) = ? \\ \text{false} & \text{sonst} \end{cases}$$

Für die anderen Operanden ist $\hat{\delta}_i$ für alle $i \in \mathbb{N}$ genau wie δ definiert,
wobei in der induktiven Definition an den entsprechenden Stellen die
obigen Definitionen zu verwenden sind.

- Die folgenden drei Bedingungen, die formal für den Lauf eines alternie-
  renden Büchi-Automaten definiert sind, gelten hier ebenso:
  - Kanten existieren nur zwischen Knoten unterschiedlicher Ebenen.
  - Knoten ohne eingehenden Kanten existieren nur in Ebene 0.
  - Zwei unterschiedliche Knoten auf einer Ebene werden von ℓ nicht
    gleich beschriftet.
- Die Kanten erfüllen die erweiterte Transitionsfunktion, sodass für alle
  Knoten $v \in V$ die Beziehung $\{\ell(v') \mid (v, v' \in E)\} \models \hat{\delta}_{h(v)}(\ell(v), w_{h(v)})$
  gilt.

Ein indizierter Lauf (V, E) ist akzeptierend, wenn jeder seiner unendlichen
Pfade ρ maximaler Länge die Akzeptanzbedingung eines Büchi-Automaten
in dem Sinne erfüllt, dass $\mathrm{Inf}(\rho) \cap \hat{F} \neq \emptyset$ gilt. Dabei entsteht die erweiterte
Menge $\hat{F}$ der akzeptierenden Beschriftungen, in dem in der Menge F der
akzeptierenden Zustände jede (negierten) dreiwertige Proposition $r \in \mathrm{CP}$
bzw. $\neg r \in \neg\,\mathrm{CP}$ durch alle $r_i \in \widehat{\mathrm{CP}}$ bzw. $\neg r_i \in \neg\,\widehat{\mathrm{CP}}$ für $i \in \mathbb{N}$ ersetzt
werden. Der Automat A akzeptiert das Wort w bzgl. indiziertem Lauf ge-
nau dann, wenn mindestens ein akzeptierender indizierter Lauf von w auf
A existiert. Die indizierte Sprache $\hat{\mathcal{L}}(A)$ des Automaten A ist wie üblich

definiert als Menge der vom Automaten bzgl. indiziertem Lauf akzeptierter Worte.

Bemerkung 3.44 (Erweiterte Menge der akzeptierenden Beschriftungen). In einem fSDTL$_\omega$-Automatenmodell enthält die Menge F alle in der Formel vorkommenden (negierten) dreiwertigen Propositionen $r \in \mathrm{CP}$ bzw. $\neg r \in \neg \mathrm{CP}$. Entsprechend enthält die erweiterte Menge $\hat{F}$ auch alle vorkommenden (negierten) indizierten dreiwertigen Propositionen $r_i \in \widehat{\mathrm{CP}}$ bzw. $\neg r_i \in \neg \widehat{\mathrm{CP}}$ für $i \in \mathbb{N}$. Man könnte also auch explizit alle (negierten) dreiwertigen Propositionen in der erweiterten Menge $\hat{F} = F \cup \widehat{\mathrm{CP}} \cup \neg \widehat{\mathrm{CP}} \subseteq \hat{Q}$ verwenden.

Der wesentliche Vorteil dieses Automatenmodells im Gegensatz zum Automatenmodell aus [36] liegt darin, dass der Automat selber eine endliche Anzahl Zustände besitzt. Da dies bei einem Automaten mit konstantem Platz prinzipiell nicht ausreichen kann, um die fSDTL$_\omega$-Semantik abzubilden, muss der indizierte Lauf unendlich viele mögliche Konfigurationen enthalten. In einem Automaten mit endlichem Zustandsraum und konstantem Platz kann sonst nicht abgebildet werden, dass eine endgültige Belegung für eine dreiwertige Proposition r_i mit zugehörigem Agentenindex p beliebig weit im Lauf nach dem entsprechenden Wartepunkt λ_h^p auftreten kann. Dies wird durch unendlich viele mögliche Beschriftungen eines Knotens realisiert, da die Beschriftungsfunktion ℓ nicht nur auf Q sondern auch auf die Menge $\widehat{\mathrm{CP}}$ der indizierten dreiwertigen Propositionen abbildet.

In Tabelle 3.1 wird Beispiel 3.42 von Seite 85 fortgesetzt.

Theorem 3.45 (Korrektheit des Automatenmodells für fSDTL$_\omega$). *Für ein Wort $w \in \mathrm{imp}(\Sigma^\omega)$, eine Formel $\varphi \in \mathrm{fDTL}$ und dem zugehörigen alternierenden Büchi-Automat A_φ gilt bzgl. indiziertem Lauf*

$$w \notin \widehat{\mathcal{L}}(A_\varphi) \ g.d.w. \ [\![(w,0)]\!] \models \varphi]\!]_{\mathrm{fSDTL}_\omega} = \bot.$$

Beweis. Da das Automatenmodell für fSDTL$_\omega$ das Automatenmodell für LTL in Definition 3.11 auf Seite 58 vollständig enthält, betrachten wir nur die Ergänzungen zur Auswertung von indizierten dreiwertigen Propositionen. Dazu sei AP die Menge der zweiwertigen Propositionen, CP die Menge der dreiwertigen Propositionen und WP die Menge der Wartepunkte und damit $\Sigma = \mathbb{B}_2^{\mathrm{AP}} \oplus \mathbb{B}_3^{\widehat{\mathrm{CP}}} \oplus \widetilde{\mathrm{WP}}$ das Eingabealphabet. Weiter sei $I_\mathcal{A} = \{1, 2, \ldots, |\mathcal{A}|\}$ die Menge der Indizes der Agenten und $\varphi \in \mathrm{fDTL}$ eine Formel in Negationsnormalform. Schließlich sei A_φ der alternierende Büchi-Automat, der aus der Formel φ generiert wurde. Im Folgenden wird

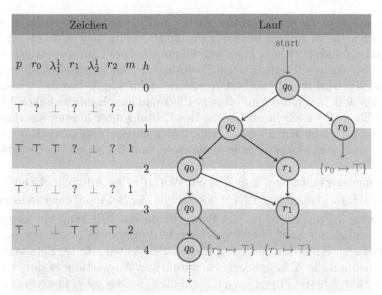

Tabelle 3.1 Beispiel eines indizierten Laufes des Automaten aus Beispiel 3.42 auf Seite 85. Nicht eingekreiste Knoten dienen nur der Erläuterung und sind nicht Bestandteil des Laufes. Das gelesene Wort wird tabellarisch dargestellt, wobei nur die für den dargestellten Anfang des Laufes relevanten Zeichen abgebildet sind. Zusätzlich werden die Funktionswerte von m für das jeweilige Zeichen und die Nummerierung h der Ebenen der Knoten dargestellt.

das gleiche Prinzip wie im Beweis zur Korrektheit von Theorem 3.30 auf Seite 74 angewendet. Sei entsprechend $w \in \text{imp}(\Sigma^\omega)$ ein Wort über dem Alphabet mit der Auswertung $[\![(w,0) \models \varphi]\!]_{\text{fSDTL}_\omega} = \bot$, die von der Belegung einer indizierten dreiwertigen Proposition $r_h \in \widehat{CP}$ abhängt.

Die induktive Auswertung der Formel muss dann an einer Position i des Wortes von der Auswertung $[\![(w,i) \models r]\!]_{\text{fSDTL}_\omega}$ der Proposition r_h abhängen. Damit folgt $h = \text{last}((w,i), p_r)$, da es sich an Position i bei dem Wartepunkt $\lambda_h^{p_r}$ um den letzten Wartepunkt entsprechend Definition 2.48 auf Seite 48 handelt. Schließlich existiert wieder analog zur Korrektheit des Automatenmodells für fDTL$_\omega$ eine Position $k \in \mathbb{N}$, wo der indizierten dreiwertigen Proposition r_h ein endgültiger Wahrheitswert $b \in \mathbb{B}_2$ zugewiesen wird.

Für jeden indizierten Lauf dieses Wortes auf dem Automaten A_φ gilt damit $m(i)_{p_r} = h$, da $\lambda_h^{p_r}$ der letzte Wartepunkt für den Agenten mit Index p_r vor Ebene i ist. Zwischen Ebene i und Ebene $i+1$ enthält dieser Lauf

also eine Kante, die der Transition nach r im Automaten entspricht. Je nach
dem, wann die endgültige Belegung für die Proposition r_h im Wort nun enthalten ist, folgen bis Ebene $k \geq i$ auf diesem Pfad des Laufes eventuell einige
mit r_h beschriftete Knoten. Da in Position k der endgültige Wahrheitswert
zugewiesen wird und dieser laut Annahme dafür sorgt, dass die Semantikfunktion $\perp$ liefert, müsste auf diesem Pfad nun eine Kante zwischen Ebene
k und Ebene $k+1$ folgen, sodass die Beschriftung des nächsten Knotens die
positive boolesche Formel false erfüllt. Mit diesem Widerspruch folgt die
Aussage, da kein akzeptierender indizierter Lauf für dieses Wort existieren
kann.

Sei nun umgekehrt $w \in \text{imp}(\Sigma^\omega)$ ein Wort, das der Automat A_φ nicht akzeptiert. Dabei hänge $w \notin \widehat{\mathcal{L}}(A_\varphi)$ wieder von der Belegung einer indizierten
dreiwertigen Proposition $r_h \in \widehat{\text{CP}}$ ab. In diesem Fall kann ein akzeptierender indizierter Lauf des Wortes gerade deswegen nicht existieren, weil
er sonst eine erfüllende Belegung für false enthalten würde. Entsprechend
kann man auf die Abhängigkeit der induktiven Auswertung in der Seman-
tikfunktion von $[\![(w,i) \models r]\!]_{\text{fSDTL}_\omega}$ schließen, sodass diese insgesamt zu $\perp$
auswertet. $\square$

3.5.3 Approximatives Automatenmodell für fSDTL

In diesem Abschnitt geht es darum, wie aus dem im vorherigen Abschnitt
beschriebenen Automatenmodell für fSDTL_ω ein Monitor für fSDTL generiert werden kann. Es ist nicht mehr offensichtlich, wie die bisher verwendete LTL$_3$-Monitorgenerierung auf dieses Automatenmodell abgewan-
delt werden kann, da der indizierte Lauf aus unendlich vielen Konfigurationen besteht. Der alternierende Büchi-Automat müsste im ersten Schritt
dieser Konstruktion in einen Büchi-Automaten umgewandelt werden. Aufgrund der besonderen Formulierung des indizierten Laufes funktioniert dabei die bisher verwendete Potenzmengenkonstruktion allerdings nicht mehr,
da man im Lauf des Büchi-Automaten berücksichtigen müsste, ob die aktuelle Zustandsmenge auch indizierte dreiwertige Propositionen enthält. Ein
entsprechender Automat benötigt also entweder einen Speicher mit nicht
konstantem Platz oder unendlich viele Zustände wie in [36] realisiert. In
dieser Arbeit wird daher der Ansatz eines approximativen Automatenmodells analog zum approximativen Automatenmodell für LTL$_3$ verfolgt. Da
dabei der alternierende Büchi-Automat in einen alternierenden endlichen

Automaten transformiert wird, bleibt die alternierende Struktur des Automaten erhalten, sodass weiterhin ein endlicher Automat mit einem speziellen Lauf verwendet werden kann. Auf diese Weise entsteht ein Automat, der tatsächlich in einer Implementierung realisiert werden kann.

Es sei dazu auch in diesem Abschnitt wie üblich $\Sigma = \mathbb{B}_2^{\text{AP}} \oplus \mathbb{B}_3^{\widehat{\text{CP}}} \oplus \widehat{\text{WP}}$ das aus der Menge AP zweiwertigen Proposition, der Menge CP der dreiwertigen Propositionen und der Menge WP der Wartepunkte konstruierte Alphabet. Weiter sei $I_{\mathcal{A}} = \{1, 2, \ldots, |\mathcal{A}|\}$ die Menge der Agentenindizes.

Wir wollen nun betrachten, wie der approximativer Leerheitstest pro Zustand verwendet werden kann, um aus dem fSDTL$_\omega$-Automatenmodell einen fSDTL-Monitor zu erzeugen. Es sei dazu $\varphi \in$ fDTL eine Formel und $A_\varphi = (\Sigma, Q, q_0, \delta, F)$ der alternierende Büchi-Automat für die Formel φ. Der alternierende endliche Automat $\acute{A} = (\Sigma, Q, q_0, \delta, \acute{F})$ ergibt sich, in dem der approximative Leerheitstest pro Zustand aus Definition 3.38 auf Seite 81 auf A_φ angewendet wird. Dabei gilt

$$\acute{F} = \{q \in Q \mid \text{reach}_A(q) \cap (F \cup T) \neq \emptyset\}.$$

Dieses Verfahren kann problemlos angewendet werden, weil der Leerheitstest nur die Akzeptanzbedingung des Automaten anpasst. Die erweiterte Transitionsfunktion aus dem indizierten Lauf wird dabei insoweit berücksichtigt, als dass Zuständen, die (negierten) dreiwertigen Propositionen entsprechen, in der Menge F der akzeptierenden Zustände enthalten sind.

Ein Beispiel für die Anwendung dieses approximativen Leerheitstests ist in Abbildung 3.10 auf Seite 95 dargestellt. Der obere Automat $\acute{A}_\varphi$ ergibt sich bei der Anwendung des approximativen Leerheitstests auf den Automaten A_φ aus Beispiel 3.42 auf Seite 85. A_φ wurde dort aus der Formel $\varphi = \square(p \wedge r)$ generiert.

Genau wie beim alternierende Büchi-Automat müssen beim so erzeugten alternierenden endlichen Automaten die dreiwertigen Propositionen in einem speziellen Lauf berücksichtigt werden. Wir betrachten daher nun, wie im indizierten Lauf eines alternierenden endlichen Automaten die Transitionen zu (negierten) dreiwertigen Propositionen $r \in$ CP bzw. $\neg r \in \neg$ CP analog zum indizierten Lauf eines alternierenden Büchi-Automaten behandelt werden.

Definition 3.46 (Indizierter Lauf eines AFA). Es sei $\acute{A} = (\Sigma, Q, q_0, \delta, \acute{F})$ ein alternierender endlicher Automat. Der *indizierte Lauf* eines Wortes $w \in \Sigma^*$ auf $\acute{A}_\varphi$ ist eine endliche Folge $\rho = \rho_0, \rho_1, \ldots, \rho_n$ von positiven booleschen Kombinationen $\mathcal{B}^+(\hat{Q})$ in disjunktiver Normalform. Dabei gelten die folgenden Bedingungen in denen die erweiterte Transitionsfunktion $\hat{\delta}_i$ und die erweiterte positive boolesche Kombination der initialen Zustände $\hat{q}_0$ aus dem indizierten Lauf eines alternierenden Büchi-Automaten aus Definition 3.43 auf Seite 86 wiederverwendet werden.

- Die initiale positive boolesche Kombination ist $\rho_0 = \hat{q}_0$.
- Für zwei aufeinanderfolgende Kombinationen ρ_i und ρ_{i+1} gilt $\hat{\delta}_i(\rho_i, w_i) \equiv$ ρ_{i+1}. Dabei wird die Funktion $\hat{\delta}_i$: $\hat{Q} \to \mathcal{B}^+(\hat{Q})$ als Funktion $\hat{\delta}_i$: $\mathcal{B}^+(\hat{Q}) \to \mathcal{B}^+(\hat{Q})$ verstanden, indem in der booleschen Kombination jedes Element durch die Anwendung der Funktion auf dieses Element ersetzt wird.
- Für jede Kombination $\rho_i \in \mathcal{B}^+(\hat{Q})$ existiert eine Ausgabekombination $f_i \in \mathcal{B}^+(\emptyset)$, die sich ergibt, wenn man in ρ_i alle akzeptierenden Zustände aus $\acute{F} \subseteq Q$ und alle (negierten) indizierten dreiwertigen Propositionen aus $\widehat{CP} \cup \neg\,\widehat{CP}$ durch true und alle nicht akzeptierenden Zustände aus $Q \backslash \acute{F}$ durch false ersetzt.

Ein indizierter Lauf $\rho = \rho_0, \rho_1, \ldots, \rho_n$ ist akzeptierend, wenn $f_n \equiv$ true gilt.

Die Korrektheit dieses Automatenmodells kann nicht exakt angegeben werden, da das Modell nur approximativ ist. Die Approximation beschränkt sich allerdings auf den approximativen Leerheitstest pro Zustand, sodass sich die Betrachtungen zur Approximationsgüte des approximativen Leerheitstests für LTL$_3$ aus Lemma 3.39 auf Seite 82 übertragen lassen. Entsprechend wird vom Automaten $\acute{A}_\varphi$ mindestens jedes endliche Präfix $w \in \Sigma^*$ akzeptiert, das noch zu einem Wort $ww' \in \Sigma^\omega$ erweitert werden kann, sodass $ww' \in \mathcal{L}(\varphi)$ bzgl. fSDTL$_\omega$-Semantik gilt.

Unter Verwendung der indizierten Läufe der alternierenden endlichen Automaten kann nun wieder auf die LTL$_3$-Monitorkonstruktion zurückgegriffen werden.

Definition 3.47 (fSDTL-Monitor). Es sei $\varphi \in$ fDTL eine Formeln und $\acute{A}_\varphi = (\Sigma, Q_\varphi, q_{0,\varphi}, \delta_\varphi, \acute{F}_\varphi)$ und $\acute{A}_{\neg\varphi} = (\Sigma, Q_{\neg\varphi}, q_{0,\neg\varphi}, \delta_{\neg\varphi}, \acute{F}_{\neg\varphi})$ die aus dieser Formel durch den approximativen Leerheitstest pro Zustand generierten AFAs. Ein fSDTL-*Monitor* simuliert nun gleichzeitig den indizierten Lauf von $\acute{A}_\varphi$ und $\acute{A}_{\neg\varphi}$ beginnend in den Zuständen $q_{0,\varphi}$ und $q_{0,\neg\varphi}$. Da für beide Automaten die gleiche Eingabe verwendet wird, reicht es aus, die Funktion m beginnend mit $m(0) = 0^{|A|}$ gemeinsam aufzubauen. Dazu werden die folgenden Aktionen durchgeführt, wenn in Schritt i das Zeichen $w_i \in \Sigma$ gelesen wird:

1. Der aktuelle Funktionswert $m(i+1)$ wird basierend auf $m(i)$ berechnet.

2. Für beide Automaten wird die jeweilige erweiterte Transitionsfunktion $\hat{\delta}_{i,\varphi}$ bzw. $\hat{\delta}_{i,\neg\varphi}$ auf die aktuelle Kombination $\rho_{i,\varphi}$ bzw. $\rho_{i,\neg\varphi}$ angewendet.
3. Die erhaltenen Transitionen werden wieder in disjunktive Normalform umgeschrieben. Das Ergebnis ist der neue Zustand bestehend aus $\rho_{i+1,\varphi}$ und $\rho_{i+1,\neg\varphi}$.
4. Die entsprechenden Ausgaben $f_{i+1,\varphi}$ und $f_{i+1,\neg\varphi}$ werden berechnet. Die Ausgabe des Monitors ergibt sich damit als

$$
o_i = \begin{cases} \top & \text{wenn } f_{i+1,\neg\varphi} \equiv \text{false}, \\ \bot & \text{wenn } f_{i+1,\varphi} \equiv \text{false und} \\ ? & \text{sonst.} \end{cases}
$$

Als Beispiel für die Verwendung dieser Monitorkonstruktion verwenden wir erneut die Formel $\varphi = \Box(p \wedge r)$ aus Beispiel 3.42 auf Seite 85 und ihre negierte Variante $\neg\varphi = \Diamond(\neg p \vee \neg r)$. In Abbildung 3.10 auf Seite 95 werden die beiden alternierenden endlichen Automaten $\acute{A}_\varphi$ und $\acute{A}_{\neg\varphi}$ gezeigt. In Tabelle 3.2 auf Seite 95 wird ein Beispiel der indizierten Läufe dieser beiden Automaten und des darauf basierenden fSDTL-Monitors gezeigt. Da es sich bei der Formel φ aus diesem Beispiel um eine Safety-Formel handelt, wird in diesem Beispiel wie in der LTL$_3$-Monitorkonstruktion nur der positive Automat A_φ für die Bestimmung der Ausgabe des Monitors benötigt. Das Beispiel zeigt aber die prinzipielle Funktionsweise sehr gut und ist noch übersichtlich genug, sodass man es manuell nachvollziehen kann.

Man erkennt an diesem Beispiel, wie die Minimierung der booleschen Kombinationen kontinuierlich durchgeführt wird. Die unendlich vielen minimalen Modelle müssen auf diese Weise nicht mehr bereits bei der Monitorgenerierung vollständig berechnet werden, wie dies im theoretischen Modell in [36] vorgeschlagen wird. Entsprechend kann diese Monitorkonstruktion tatsächlich implementiert werden. In dieser Realisierung ist die Bedingung dafür allerdings die Approximation durch den Leerheitstest pro Zustand, der bereits auf dem alternierenden Automaten durchgeführt werden muss, damit die alternierende Struktur im Monitor verwendet werden kann, ohne dass die minimalen Modelle vollständig vorausberechnet werden.

Um diese fSDTL-Monitorkonstruktion in eine DTL-Monitor zu verwenden, muss Analog zur am Ende von Abschnitt 2.9 auf Seite 45 beschriebenen Anpassung der DTL-Semantik auch die DTL-Monitorkonstruktion angepasst werden. Dabei muss ein Monitor für eine entfernte Formel nicht nur einmal, sondern einmal für jeden Sendepunkt ausgeführt werden. Entsprechend müssen die Ausgaben aller dieser Monitore im Knowledge-Vektor gespeichert und an jede gesendete Nachricht angehängt werden. Nur so stehen dann für die Ausführung eines fSDTL-Monitors auch die Belegungen für die indizierten dreiwertigen Propositionen zur Verfügung.

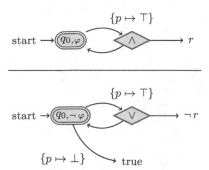

Abb. 3.10 Alternierende endliche Automaten $\acute{A}_\varphi$ (oben) und $\acute{A}_{\neg\varphi}$ (unten). Der Zustand $q_{0,\varphi}$ entspricht dabei der Formel $\varphi = \Box(p \wedge r)$ und der Zustand $q_{0,\neg\varphi}$ entspricht der Formel $\neg\varphi = \Diamond(\neg p \vee \neg r)$. Da die Bedeutung der Zustände r und $\neg r$ erst im indizierten Lauf deutlich wird, sind diese nicht als echte Knoten dargestellt. Formal handelt es sich allerdings eigentlich um akzeptierende Knoten.

Zeichen							Zustand				
p	r_0	λ_1^1	r_1	λ_2^1	r_2	$m(i)$	i	$\rho_{i,\varphi}$	$f_{i,\varphi}$	$\rho_{i,\neg\varphi}$	$f_{i,\neg\varphi}$	o_i
$\top$	?	$\bot$	?	$\bot$	?	0	0	q_0	true	q_0	true	?
$\top$	$\top$	$\top$	?	$\bot$	?	1	1	$q_0 \wedge r_0$	true	$q_0 \vee \neg r_0$	true	?
$\top$	$\top$	$\bot$	?	$\bot$	?	1	2	$q_0 \wedge r_1$	true	$q_0 \vee \neg r_1$	true	?
$\top$	$\top$	$\bot$	$\bot$	$\top$	$\top$	2	3	$q_0 \wedge r_1$	true	$q_0 \vee \neg r_1$	true	?
							4	false	false	true	true	$\bot$

Tabelle 3.2 Beispiel der indizierten Läufe ρ_φ und $\rho_{\neg\varphi}$ der Automaten $\acute{A}_\varphi$ und $\acute{A}_{\neg\varphi}$ aus Abbildung 3.10. Das gelesene Wort entspricht bis auf die Änderung des endgültigen Wahrheitswertes von r_1 dem Wort aus dem indizierten Lauf in Tabelle 3.1 auf Seite 89. Das Zeichen in Zeile i wird dabei im Zustandsübergang zu Zeile $i + 1$ gelesen. Zusätzlich werden die Funktionswerte von m für das jeweilige Zeichen und die Ausgabekombination f_φ und $f_{\neg\varphi}$ dargestellt. Die letzte Spalte enthält die darauf basierende Ausgabe o des fSDTL-Monitors.

4 Implementierung

Im Rahmen dieser Arbeit wurde DTL mit fDTL und ptLTL für LE-
GO Mindstorms NXT implementiert. Die Firmware der NXTs erlaubt eine einfache Verwendung von Aktoren und Sensoren und stellt Bluetooth-
Kommunikation zwischen den Agenten zur Verfügung. An jeden Agenten
können 4 Sensoren und drei Aktoren (Motoren oder Lichter) angeschlossen
werden. Die Sensoren werden in der Firmware mit 1 bis 4 und die Aktoren mit A bis C bezeichnet. Die Agenten wurden im Rahmen dieser Arbeit
in der C-artigen Programmiersprache Not Exactly C (NXC) programmiert.
NXC wird seit 2007 unabhängig von LEGO von John Hansen entwickelt
und steht unter der Mozilla Public License (MPL) frei zur Verfügung[1]. Die
Monitorgenerierung wurde in Scala programmiert und verwendet für die
fDTL-Monitore die Implementierung der LTL$_3$-Konstruktion aus RltlConv.
Die Entwicklung von RltlConv wurde im Rahmen von [37] begonnen und
unter anderem im Rahmen dieser Arbeit fortgesetzt. Auf die Details von
RltlConv wird in dieser Arbeit allerdings nicht näher eingegangen. Die Monitorgenerierung liest den NXC-Quelltext aller Agenten gleichzeitig ein, wertet Annotationen in den Kommentaren aus, generiert den NXC-Quelltext
der benötigen Monitore und instrumentiert den C-Code um die Belegungen
für die atomaren Propositionen zu berechnen. Das Konzept der Präprozessierung wird in Abbildung 4.1 auf der nächsten Seite dargestellt. Die
Quelltexte der Agenten werden alle gleichzeitig eingelesen und die Monitorgenerierung wird basierend auf den Annotationen in den Quelltexten durchgeführt. Für jeden Agenten wird dann genau eine NXC-Datei ausgegeben.

---

[1] http://bricxcc.sourceforge.net/nbc/

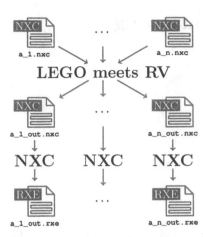

Abb. 4.1 Konzept der Präprozessierung. Die Quelltexte a_i.nxc der Agenten werden alle gleichzeitig vom Scala-Programm LEGO meets RV eingelesen. Das Programm schreibt die Dateien a_i_out.nxc, die dann einzeln vom NXC-Compiler kompiliert werden. Der Bytecode a_i_out.rxe wird dann auf die NXTs kopiert und ausgeführt.

Die Eingabedateien können weitere Dateien (z. B. Bibliotheken) einbinden. Diese werden vollständig in die Ausgabe eingefügt.

LEGO Mindstorms wurde als Plattform ausgewählt, um die Verwendung von DTL zu demonstrieren und um LTL, LTL_3 und DTL in der Lehre vorführen zu können. Prototypischen Aufbauten lassen sich einfach mit LEGO realisieren und die Agenten können relativ leicht mit NXC programmiert werden. Bei der Monitorgenerierung wird im wesentlichen C-Code generiert, sodass sich diese Technologie auch auf andere eingebettete Systeme anpassen lässt, die in C programmiert werden. Lediglich die Kommunikationsschicht zum Versand der Nachrichten ist sehr NXT-spezifisch und müsste entsprechend für andere Zielsysteme angepasst werden. Dieser Teil ist daher als eigene Bibliothek ausgelagert und wird nicht von der Codegenerierung ausgegeben. Die Schnittstelle wird im nächsten Abschnitt näher beschrieben.

Die Monitorgenerierung wurde wie RltlConv vollständig in Scala implementiert, da Scala die Vorteile funktionaler und objektorientierter Programmierung kombiniert (vgl. [29]) und Scala-Code in Bytecode für die Java Virtual Machine (JVM) kompiliert wird. In Scala können funktionale Konzepte wie Funktionen höherer Ordnung und damit insbesondere map und reduce und Pattern Matching auf Objekte und Klassen angewandt werden.

Damit können die mathematischen Konstrukte aus der Monitorgenerierung sehr gut implementiert werden. Darüber hinaus wurde darauf geachtet, nur unveränderliche Variablen und Objekte einzusetzen. So können Fehler durch unerwartete Seiteneffekte bei Änderungen an gemeinsam verwendeten Objekten vermieden werden. Da Scala-Code für die JVM kompiliert wird, kann die Software auf allen gängigen Systemen verwendet werden und der Quelltext kann in belieben Java-Projekten wiederverwendet werden.

Um Laufzeitverifikation zu einer Anwendung hinzuzufügen, werden vom Anwender Annotationen in Form von speziellen Kommentaren hinzugefügt. Das hat den Vorteil, dass der Code vor und nach der Präprozessierung durch die Monitorgenerierung gültiger NXC-Code ist und so mit und ohne Monitore kompiliert und auf den NXTs ausgeführt werden kann. In den Annotationen werden alle Teilformeln, die auf dem entsprechenden Agenten ausgeführt werden sollen, explizit angegeben. Eine solche Formel enthält atomare und entfernte Propositionen. Die entfernten Propositionen werden entsprechend der DTL-Semantik mit den Ausgaben entfernter Monitore belegt. Die atomaren Propositionen müssen auf dem Agenten definiert werden, wobei die Berechnung der Werte der Propositionen in Abhängigkeit der Programmausführung angegeben wird. Dazu stellt der folgenden Abschnitt verschiedene Varianten vor. Schließlich muss für jeden Monitor angegeben werden, wann der Monitor einen Schritt durchführt. Auch hierfür präsentiert der folgende Abschnitt verschiedene Varianten.

Die Monitorgenerierung besteht dann im wesentlichen aus vier Schritten:

1. Die Software analysiert den Code und parst die Annotationen. Als Ergebnis dieses Schritts steht eine Liste aller Monitore und Propositionen aller Agenten zur Verfügung. Insbesondere entsteht eine Liste aller als öffentlich deklarierten Monitore, auf die sich entfernte Propositionen beziehen können.

2. Aus den LTL-Formeln werden, wie in Kapitel 3 angegeben, die Monitore generiert.

3. Die Positionen der öffentlichen Monitore im Knowledge-Vektor werden berechnet. Der Knowledge-Vektor wird mit jeder Nachricht mit versendet und enthält die Ausgaben aller öffentlicher Monitore. Für jeden Monitor wird die initiale Ausgabe berechnet und als initiale Belegung des Knowledge-Vektors verwendet.

4. Der C-Code für die Monitore, die Propositionen und das Weiterschalten der Monitore wird generiert und in den Quelltext der Agenten eingefügt. Für den Nachrichtenversand wird eine Callback-Funktion generiert, die den Knowledge-Vektor ausrechnet und an den Inhalt der Nachricht an-

hängt. Analog wird für den Nachrichtenempfang eine Callback-Funktion generiert, die eingehende Nachrichten parst, den Knowledge-Vektor
entsprechend aktualisiert und den eigentlichen Inhalt der Nachricht zurückgibt.

4.1 Not eXactly C (NXC)

NXC und die LEGO Mindstorms Firmware unterstützen Multitasking. Jedes Programm enthält einen Task main, der beim Programmstart gestartet
wird und dann weitere Tasks starten kann. In den meisten Fällen handelt es
sich um reaktive Systeme, deren Ausführung nie endet, sodass dieser Task
aus einer Endlosschleife besteht. Motoren können über die Funktion OnFwd
bzw. OnRev ein- und über Off ausgeschaltet werden. Beim Einschalten wird
die Leistung des Motors als Wert zwischen 0 und 100 angegeben. Ist statt
einem Motor eine Lampe angeschlossen, so leuchtet diese in der entsprechenden Helligkeit. Sensoren müssen vor der Verwendung deklariert werden. Die
Berührungssensoren, auf die sich die Beispiele in dieser Arbeit beschränken,
werden über

```
SetSensorTouch(IN_1);
```

deklariert. Hier für den Eingang 1. Anschließend kann der aktuelle Wert
über den Aufruf Sensor(IN_1) abgefragt werden. Die Rückgabe ist true,
wenn der Sensor gedrückt ist und sonst false. Ein sehr einfaches Programm, das die Ausgabe A aktiviert, wenn der Berührungssensor an Eingang 1 gedrückt wird, kann also wie folgt aussehen:

```
task main() {
  SetSensorTouch(IN_1);
  while (true) {
    if (Sensor(IN_1)) {
      OnFwd(OUT_A, 100);
    } else {
      Off(OUT_A);
    }
  }
}
```

4.1.1 Kommunikation und Knowledge-Vektoren

Auf jedem NXT stehen 10 lokale Mailboxen zur Verfügung. Durch einen
Aufruf der Funktion SendMessage kann eine Nachricht in Form eines
Strings in eine dieser Mailboxen geschrieben und mit ReceiveMessage
wieder ausgelesen werden. Nach dem Auslesen liegt die Nachricht nicht
mehr in der Mailbox. Wurden vor dem Ausführen eines Programms mehrere
NXT über Bluetooth miteinander verbunden, so können auch Nachrichten
in Mailboxen anderer NXTs geschrieben werden. Per Bluetooth werden immer genau zwei NXTs miteinander verbunden. Dabei ist einer der Master
und der andere der Slave. In dieser Arbeit wird davon ausgegangen, dass genau ein Master mit allen Slaves verbunden ist. Nun können mit der Funktion
SendRemoteString Nachrichten vom Master in die Mailboxen der Slaves geschrieben werden. Umgekehrt können die Slaves mit SendMessage
Nachrichten in die Mailbox des Masters schreiben, indem auf die Mailbox-
nummer 10 addiert wird. Vor dem Senden und Empfangen von Nachrichten
muss jeweils durch entsprechende Befehle darauf gewartet werden, dass die
Bluetooth-Schnittstelle bereit ist.

Diese Komplexität wird durch die entwickelte Bibliothek messages.h
vom Anwender abstrahiert. Bei der Verwendung dieser Bibliothek wird direkt zum Programmstart mit message_init(); ein neuer Task gestartet,
der die Nachrichtenkommunikation übernimmt. In der Initialisierungspha-
se wird ein Handshake durchgeführt, sodass am Ende jedem Agenten eine
ID zugewiesen ist, die in jeder Nachricht als Absenderadresse mit versendet
wird. Um die Nachrichtenübermittlung und insbesondere die anschließend
beschrieben Verteilung der Knowledge-Vektoren zu vereinfachen, werden
Nachrichten immer als Broadcast an alle Agenten des Systems verschickt.
Dazu wird intern jede Nachricht erst an den Master geschickt, der sie dann
an alle anderen Agenten weiter verteilt. Auf diese Weise müssen die einzelnen Agenten nur irgendwie miteinander verbunden sein, der Anwender muss
diese Topologie in der Implementierung aber nicht weiter berücksichtigen.

Nachrichten werden mit der Funktion message_send() verschickt, die
als einzigen Parameter einen String als Nachricht entgegennimmt. Der Nachrichtenempfang funktioniert über die Funktion message_receive(), die
eine Nachricht zurückgibt, wenn die Mailbox eine enthält. Sonst wird der
leere String zurückgegeben. Um zusätzliche Informationen an jede Nachricht
anzuhängen und beim Empfang der Nachricht vor dem Verarbeiten des eigentlichen Nachrichteninhalts auszuwerten, müssen bei der Verwendung von
messages.h zwei Callback-Funktionen implementiert werden:

```
string message_generate(string msg) {
    /// TODO: Add additional information
    ///        to every message.
    return msg;
}
string message_parse(string msg) {
    /// TODO: Remove and handle additional
    ///        information.
    return msg;
}
```

Diese Signaturen werden von der Monitorgenerierung im NXC-Quelltext der Agenten gesucht und mit Code gefüllt, um den Knowledge-Vektor an jede Nachricht anzuhängen bzw. auszulesen. Der Knowledge-Vektor enthält die Ausgaben aller als öffentlich deklarierter Monitore. Da in dieser Implementierung nur Broadcast-Nachrichten verschickt werden, wird eine Sequenznummer nicht benötigt.

Der Versand von Nachrichten in der Architektur auf dem NXT wird in Abbildung 4.2 auf der nächsten Seite im linken Schichtenmodell dargestellt. Der Quelltext des Benutzers schickt eine Nachricht ab. In der Kommunikationsschicht bemerkt der message_task dies und ruft die Funktion message_generate() des Monitors auf, wo der generierte Code die aktuelle Belegung des Knowledge-Vektors (KV) an die Nachricht anhängt und das Resultat zurückgibt. Dieses Ergebnis wird an die Firmware von LEGO Mindstorms weitergereicht, die sich um die eigentliche Ansteuerung der Bluetooth-Hardware kümmert.

Analog funktioniert der Empfang einer Nachricht in dieser Architektur, dargestellt im rechten Schichtenmodell in Abbildung 4.2. Die Firmware empfängt Daten von der Bluetooth-Hardware. Der message_task in der Kommunikationsschicht erfährt davon und ruft mit den empfangenen Daten die Funktion message_parse() des Monitors auf. In dieser Funktion liest der generierte Code die an die Nachricht angehängten Daten aus und aktualisiert damit die aktuelle Belegung des Knowledge-Vektors. Die eigentliche Nachricht wird von dem generierten Code in dieser Funktion zurückgegeben und von der Kommunikationsschicht der Anwendung zur Verfügung gestellt, sodass der Quelltext des Anwenders schließlich die Nachricht empfängt.

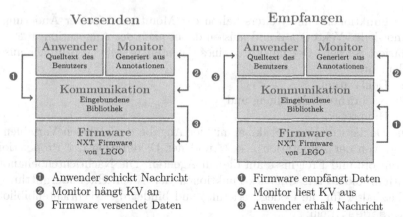

Abb. 4.2 Versand (links) und Empfang (rechts) von Nachrichten im Schichtenmodell der Architektur auf dem NXT. Beim Versand hängt der Monitor den Knowledge-Vektor (KV) an die Nachricht an, beim Empfang liest er ihn wieder aus. Die Pfeile stellen den Datenfluss zwischen den Schichten dar.

4.2 Monitorannotationen

Wir unterscheiden im Folgenden zwischen dem Quelltext des Benutzers, der vom Programmierer eingegeben, und dem generierten Quelltext, der durch die Monitorgenerierung ergänzt wurde. Die für die Monitorgenerierung vom Benutzer hinzugefügten Annotationen befinden sich alle in Zeilenkommentaren. Diese Kommentare zur Annotation beginnen mit einem Gleichheitszeichen gefolgt vom Schlüsselwort der Annotation in Großbuchstaben. Die Annotation *AGENT* gibt den Namen des Agenten an. In den Beispielen in dieser Arbeit stimmt der Name des Agenten immer mit dem Dateinamen des Quelltextes überein, dies ist aber nicht zwingend notwendig. Der Name des Agenten wird bei der Deklaration von entfernten Propositionen verwendet, um den entfernten Agenten anzugeben, auf dem sich der referenzierte öffentliche Monitor befindet. Die Deklaration des Namens des Agenten hat darüber hinaus noch eine zweite Aufgabe, da an dieser Stelle im Quelltext die generierten Funktionen zum Ausführen eines Schritts der Monitore eingefügt werden. Das kann nicht direkt am Anfang des Quelltexts passieren, da sich gegebenenfalls die Wertberechnung für Propositionen am Anfang einer solchen Funktion auf vom Benutzer deklarierte Variablen bezieht. Diese Variablen müssen dann vor der Annotation *AGENT* deklariert werden. Die Callback-Funktionen der Nachrichtenübermittlung rufen gegebenenfalls

die Funktionen zum Weiterschalten der Monitore bei einer Änderung des
Knowledge-Vektors auf und müssen daher nach der Annotation *AGENT* de-
klariert werden. Der Quelltext eines Agenten besteht also immer aus den
Elementen

1. Deklaration,
2. Nachrichtenbehandlung und
3. Haupttask.

Die Deklaration beginnt dabei mit der Angabe der globalen Variablen, gefolgt von der Annotation *AGENT* und der Deklaration der Propositionen,
Monitore und Ereignisse auf diesem Agenten. Die Nachrichtenbehandlung
enthält die leeren Callback-Funktionen der Nachrichtenübermittlung als
Platzhalter für die Codegenerierung und bindet die Nachrichtenbibliothek
messages.h ein:

```
string message_generate(string msg) {
   return msg;
}
string message_parse(string msg) {
   return msg;
}
#include "messages.h"
```

Der Haupttask main enthält schließlich die Initialisierung der Nachrichtenbibliothek und die Endlosschleife des reaktiven Systems.

```
task main() {
   message_init();
   /// weitere Initialisierung
   while(true) {
      /// reaktiver Code
   }
}
```

Ein Monitor im Sinne der Annotation *MONITOR* ist eine als ptLTL- oder
fDTL-Formel ausgedrückte Eigenschaft, bei deren Erfüllung oder Verlet-
zung zur Laufzeit des Systems der Benutzer informiert wird. Die Definition
eines Monitors beginnt mit dem Namen des Monitors. Der Name des Monitors muss innerhalb eines Agenten eindeutig sein. Da der Benutzerquelltext
mehrere voneinander unabhängige Monitore enthalten kann, wird der Name des Monitors verwendet, um die Annotationen für die Zustandswechsel
zuzuordnen.

Name	Symbol	Klammern	Buchstaben
Konjunktion	$a \wedge b$	a && b	a AND b
Disjunktion	$a \vee b$	a || b	a OR b
Implikation	$a \rightarrow b$	a -> b	a IMP b
Negation	$\neg a$	!a	NOT a
Until	$a\,\mathcal{U}\,b$		a U b
Since	$a\,\mathcal{S}\,b$		a S b
Weak-Until	$a\,\mathcal{W}\,b$		a W b
Back	$a\,\mathcal{B}\,b$		a B b
Release	$a\,\mathcal{R}\,b$		a R b
Trigger	$a\,\mathcal{T}\,b$		a T b
Next	$\bigcirc a$	() a	X a
Previous	$\ominus a$	(*) a	P a
Weak-Previous	$\ominus a$	(+) a	Q a
Finally	$\Diamond a$	<> a	F a
Past-Finally	$\Diamondblack a$	<*> a	O a
Globally	$\Box a$	[] a	G a
Past-Globally	$\boxminus a$	[*] a	H a

Tabelle 4.1 Darstellung der in den Formeln verwendeten mathematischen Symbole mit dem ASCII-Zeichensatz

Auf den Namen des Monitors folgt die Art der Formel, also entweder *FDTL* oder *PTLTL*. Eine Formel in DTL muss also manuell auf die entsprechenden Agenten verteilt werden, sodass jede entfernte Teilformel einzeln angegeben wird. Die Hauptformel muss dabei nicht entsprechend gekennzeichnet werden, aber entfernte Teilformeln müssen als öffentliche Monitore deklariert werden, da sich entfernte Propositionen anderer Agenten auf diese Monitore beziehen können. Solche Monitoren werden mit der Annotation *PUBLIC MONITOR* eingeleitet.

Nach einem Gleichheitszeichen folgt bis zum Ende der Zeile die eigentliche Formel. Die LTL-Operatoren werden dabei entweder in Klammern oder in Großbuchstaben übersetzt. Die genaue Syntax ist in Tabelle 4.1 angegeben. Die Syntax in Klammern orientiert sich dabei an SPIN/Promela[2]. Propositionen werden komplett klein geschrieben, um diese von den Operatoren unterscheiden zu können.

Die Formel

$$@_{Z_1}^{\mathrm{fDTL}} \Box(s_1 \rightarrow @_A^{\mathrm{ptLTL}} \Diamondblack s_2)$$

---

[2] http://spinroot.com

wird also wie folgt angegeben. Im Quelltext für Agent Z_1 wird der Monitor m als fDTL-Monitor definiert. Die Formel enthält die atomare Proposition s1 und die entfernte Proposition m2. Beide werden über dem Monitor definiert. Für s1 müssen noch weitere Annotationen ergänzt werden, die der Proposition Werte zuweisen, während die Definition von m2 durch den Hinweis *EXTERNAL* a vollständig ist. Dadurch erhält diese Proposition den Wert des gleichnamigen öffentlichen Monitors auf Agent a.

```
//= AGENT z1
//= PROPOSITION s1
//= PROPOSITION m2 EXTERNAL a
//= MONITOR m FDTL = [] (s1 -> m2)
```

Im Quelltext für Agent A wird analog die atomare Proposition s2 definiert. Der Monitor m2 wird durch die zusätzliche Annotation *PUBLIC* als öffentlich definiert. Nur für derart markierte Monitore wird automatisch ein Platz im Knowledge-Vektor reserviert.

```
//= AGENT a
//= PROPOSITION s2
//= PUBLIC MONITOR m2 PTLTL = <*> s2
```

Aus diesem kurzen Beispiel kann man auch sehr gut erkennen, warum die Verteilung der Formel auf die Agenten nicht weiter automatisiert wurde. Es wäre technisch zwar kein Problem, eine DTL-Formel inklusive @-Operator einzugeben und auf die entsprechenden Agenten zu verteilen, die in der Formel enthaltenen atomaren Propositionen müssten aber trotzdem deklariert werden. Und da sich diese Deklarationen sehr stark auf den Benutzerquelltext beziehen, sollten sie auch direkt dort angegeben werden. Aus diesem Grund werden die Monitore ebenfalls dort deklariert, sodass Monitore, Propositionen und auch die noch nicht näher besprochenen Ereignisse zum Weiterschalten der Monitore an gleicher Stelle definiert werden.

Um auf die Ausgabe eines Monitors reagieren zu können, z. B. um sie darzustellen, wird in der Deklaration eines Monitors eine Callback-Funktion angegeben, die aufgerufen wird, wenn sich die Ausgabe des Monitors ändert. Dazu wird nach der Formel in der gleichen Zeile *CALL* callback angegeben, um eine Funktion callback als Callback-Funktion für diesen Monitor zu setzen. Die Funktion muss vor der Annotation *AGENT* definiert werden, weil die Funktion zum Weiterschalten des Monitors sie aufruft.

```
sub callback(byte output) {
  /// Auf output reagieren
}
```

Die Funktion wird zum Programmstart mit der initialen Ausgabe des Monitors aufgerufen. Sie wird nicht mit jedem Schritt des Monitors, sondern nur mit jeder Änderung der Monitorausgabe aufgerufen. Es ist nicht verboten, für mehrere Monitore die gleiche Callback-Funktion zu verwenden, in diesem Fall kann man aber die Monitore in der Funktion nicht auseinanderhalten. Dem Parameter output wird die Ausgabe des Monitors als Zahl zwischen 1 und 3 übergeben. Zur einfacheren Verwendung werden durch die Monitorgenerierung zu Beginn der Quelltextdatei die folgenden Konstanten definiert:

```
#define MONITOR_TOP 3
#define MONITOR_UNKNOWN 2
#define MONITOR_BOT 1
```

4.3 Belegungen für Propositionen

Die in einer Monitorformel verwendeten Propositionen müssen mit eigenen Annotationen definiert werden. Die im Folgenden vorgestellten Annotationen für die Belegung der Propositionen enthalten keine Referenz auf den Namen des Monitors, da die Namen von Propositionen innerhalb eines Agenten eindeutig sind. Die Definition von atomaren Propositionen kann wie in den folgenden Unterabschnitten vorgestellt als explizite C-Funktion, mit expliziter Umschaltung oder mit Programmtransformation erfolgen. Entfernte Propositionen erhalten ihren Wert über den Knowledge-Vektor entweder aus der Ausgabe eines öffentlichen Monitors oder dem Wert einer öffentlichen Proposition. Allen ist gemein, dass sie den Wert der Proposition bei der Durchführung eines Schrittes definieren. Wann der Monitor einen Schritt durchführt, wird durch weitere Annotationen festgelegt, die wir anschließend in Abschnitt 4.4 auf Seite 111 betrachten.

4.3.1 Entfernte Propositionen

Eine Proposition wird immer durch die Annotation *PROPOSITION* gefolgt vom Namen der Proposition definiert. Bei einer entfernten Proposition folgt danach das Schlüsselwort *EXTERNAL* gefolgt vom Namen eines entfernten Agenten. Auf diesem Agenten muss sich ein öffentlicher Monitor oder eine öffentliche Proposition (näheres dazu am Ende dieses Kapitels) gleichen Namens befinden. Die entfernte Proposition wird dann beim Empfang einer Nachricht mit der Ausgabe des Monitors belegt.

Hat das öffentliche Element auf dem entfernten Agenten einen anderen Namen, so kann getrennt durch ein @ der Name auf dem entfernten Agenten dem Namen des entfernten Agenten vorangestellt werden. Ein Beispiel für diese Art der Verwendung wird in Beispiel 4.8 auf Seite 145 gegeben.

4.3.2 Explizite C-Funktion

Eine explizite C-Funktion wird jedes Mal neu ausgewertet, wenn der Wert einer Proposition benötigt wird. Der generierte Quelltext enthält also keine zusätzliche Variable, die den aktuellen Wert der Proposition speichert. Der Vorteil dieser Variante liegt in ihrer großen Flexibilität, weil das Ergebnis eines beliebigen C-Ausdrucks als Proposition verwendet werden kann. Der Nachteil liegt darin, dass neben einem kontinuierlichen Aufruf dieser Funktion keine Möglichkeit existiert, auf eine Änderung der Proposition zu reagieren. Dieses Problem ist insbesondere für den Zustandswechsel von Bedeutung.

Bei expliziten C-Funktionen folgt in der Deklaration nach dem Namen der Proposition das Schlüsselwort *DEFINE* gefolgt von einem Ausdruck der in NXC zu einem booleschen Wert ausgewertet werden kann. So kann zum Beispiel die Proposition button als aktueller Wert des Sensors 1 definiert werden.

```
//= PROPOSITION button DEFINE (Sensor(IN_1) == 1)
```

Dafür ist natürlich wichtig, den Sensor 1 auch als Touch-Sensor zu definieren.

```
SetSensorTouch(IN_1);
```

Propositionen ohne weitere Anweisungen werden mit false initialisiert. Die Ergänzung *INIT* true am Ende der Annotation initialisiert die Proposition mit true. Die korrekte Initialisierung von Propositionen ist wichtig, wenn der erste Zustandswechsel bereits *vor* der ersten Zuweisung dieser Proposition stattfindet. Dies ist insbesondere bei der Verwendung einer Proposition in einer ptLTL-Formel der Fall, da hier die Monitorgenerierung die initiale Ausgabe des Monitors berechnet, indem sie den ersten Schritt des

Monitors vorwegnimmt. Dabei kann sie natürlich keine Belegung der Proposition zur Laufzeit berücksichtigen, sodass sie immer die initiale Belegung der Proposition verwendet. Betrachten wir zum Beispiel die Formel

```
//= MONITOR m PTLTL = [*] p
//= PROPOSITION p
```

so ist die Ausgabe dieses Monitors immer $\bot$, da die Proposition p im ersten Schritt nicht erfüllt ist und damit nie in allen vergangenen Zuständen erfüllt sein kann. Abhilfe schafft hier die folgende Deklaration:

```
//= PROPOSITION p INIT true
```

4.3.3 Explizite Umschaltung

In den folgenden Varianten enthält der generierte Quelltext eine eigene Variable für die Proposition. Der Monitor besitzt also einen eigenen Zustand der Proposition und dieser Zustand kann von Ereignissen beeinflusst werden. Der Nachteil dieser Varianten liegt darin, dass ausreichend Ereignisse definiert werden müssen, um den impliziten Systemzustand, den die Proposition abbilden soll, mit dem expliziten Zustand der Proposition zu synchronisieren. Naturgemäß ist es komplizierter, Ereignisse für die Änderung des Zustandes zu definieren, als eine explizite Funktion für die Berechnung des aktuellen Zustands anzugeben. Der Vorteil liegt darin, dass die explizit definierten Ereignisse nicht nur zur Änderung des Zustands der Proposition, sondern auch für den Zustandswechsel verwendet werden können.

Bei der expliziten Umschaltung werden im Quelltext Annotationen ergänzt, die den Wert der entsprechenden Proposition setzen, wenn die Ausführung des Benutzerquelltexts an diese Stelle gelangt. Die Annotationen werden dazu im generierten Quelltext durch Befehle zur Umschaltung der entsprechenden Proposition ersetzt. Im Gegensatz zu den bisher vorgestellten Annotationen befinden sich diese Annotationen also nicht im Kopf des Quelltexts, sondern werden als imperative Befehle in der eigentlichen Ausführung ergänzt.

Die Proposition muss allerdings wie jede andere Proposition genau einmal deklariert werden. Die Deklaration besteht nur aus dem Schlüsselwort *PROPOSITION* gefolgt vom Namen der Proposition. Anschließend kann wie bereits beschrieben eine Initialisierung angegeben werden, wenn die Proposition nicht mit false initialisiert werden soll.

Im folgenden Beispiel wird die Proposition light mit dem Wert von Sensor 1 synchronisiert. An der mit /// *Anwenderreaktion* markierten Stelle wurde der eigentliche Quelltext des Benutzers ausgelassen. An dieser Stelle reagiert die Anwendung des Benutzers auf den Druck des Tasters an Sensor 1.

```
//= PROPOSITION light
/// ...
while(true) {
  if (Sensor(IN_1) == 1) {
    //= ON light
    /// Anwenderreaktion
    until (Sensor(IN_1) == 0);
    //= OFF light
  }
}
```

Mit dieser Variante kann die Ausführung des Programms zwar durch den Monitor überwacht werden, der Benutzer muss aber daran denken, die entsprechenden Annotationen zum Setzen des Zustands der Propositionen bei Änderungen am Quelltext mit anzupassen. Wenn wir die Laufzeitverifikation als Verifikationstechnik der Korrektheit des Quelltexts verwenden, ist diese Vermischung von Benutzerquelltext und Annotationen für den Monitor nicht sinnvoll.

4.3.4 Programmtransformation

Mit der automatischen Programmtransformation wird der große Nachteil der expliziten Umschaltung ausgeglichen, dass Annotationen als imperative Anweisungen im Benutzerquelltext ergänzt und bei Anpassungen gewartet werden müssen. Dieser Prozess kann automatisiert werden, in dem im Kopf des Quelltexts angegeben wird, bei welchen Mustern im Quelltext der Wert der Proposition automatisch gesetzt werden soll.

Derartige Programmtransformationen sind insbesondere aus der aspektorientierten Programmierung bekannt (vgl. [8, 33]). Hier überwacht ein unbeteiligtes Objekt C die Kommunikation zwischen zwei Objekten A und B ohne, dass diese Objekte explizit mit C kommunizieren. In der Praxis funktioniert dies oft durch Programmtransformation. Im Quelltext werden die Befehle zur Kommunikation zwischen A und B durch Befehle zur Kommunikation mit C ergänzt.

In dieser Arbeit werden reguläre Ausdrücke verwendet, um die Anweisungen im Benutzerquelltext zu spezifizieren. Statt dem Schlüsselwort *DEFINE* nach der Definition einer Proposition können die Schlüsselwörter *ON* und *OFF* angegeben werden. Die Proposition nimmt dann automatisch den entsprechenden Wert an, wenn Quelltext ausgeführt wird, der zu dem angegebenen regulären Ausdruck passt. Der reguläre Ausdruck sollte dabei immer auf ein Semikolon ; enden, da durch die Programmtransformation nach dem gefunden Quelltext weitere Befehle zum Setzen des Wertes der Proposition eingefügt werden.

Im folgenden Beispiel wird die Proposition light automatisch mit dem Motor an Ausgang A synchronisiert. Die Proposition gilt genau dann, wenn der Motor eingeschaltet wurde.

```
//= PROPOSITION light ON /OnFwd\(OUT_A[^)]+\);/ ↵
    OFF /Off\(OUT_A\);/
```

Auch an diesem Beispiel erkennt man das Problem dieser Technik. Für einen funktionierende Synchronisation des Systemzustands mit dem Zustand der Proposition müssen ausreichend Ereignisse definiert werden, um alle Änderungen des Systemzustands zu erfassen. So sind die beiden Anweisungen im folgenden Beispiel funktional äquivalent, da sie beide den Motor an Ausgang A bei voller Leistung einschalten. Durch oben angegebene Programmtransformation wird dabei aber nur der erste Befehl erfasst.

```
OnFwd(OUT_A, 100);
OnFwdEx(OUT_A, 100, RESET_NONE);
```

Selbstverständlich erkennt man leicht, wie der reguläre Ausdruck angepasst werden könnte um auch alle diese Fälle abzudecken. Das Problem liegt aber darin, hier alle im Benutzerquelltext verwendeten Varianten zu erfassen, die den zu überwachenden Systemzustand beeinflussen.

4.4 Zustandswechsel

Wenn die Propositionen definiert sind, müssen als nächstes die Ereignisse definiert werden, an denen der Monitor einen Schritt durchführt, das heißt in den nächsten Zustand wechselt. Auch hier gibt es verschiedene Möglichkeiten: Der Zustandsübergang eines Monitors kann durch eine imperative

Annotationen mitten im Benutzerquelltext, beim Eintreten vorher definierte Ereignisse oder nach feste Zeit durchgeführt werden. Dieser Abschnitt
stellt die verschiedene Möglichkeiten und deren Vor- und Nachteile vor. Insbesondere die Definition von Ereignissen kann dabei nicht beliebig mit allen
Arten von Propositionen kombiniert werden.

4.4.1 Expliziter Schritt

Explizite Schritte werden durch die Annotation *STEP* ausgelöst. Genau wie
die Annotationen zur expliziten Umschaltung von Propositionen befinden
sich diese Annotationen nicht im Kopf des Quelltextes, sondern werden als
imperative Befehle im Benutzerquelltext ergänzt. Diese Annotationen werden durch entsprechende Aufrufe ersetzt. Wie im folgenden Beispiel zu erkennen, muss immer der Name des Monitors angegeben werden, auf den
sich der Zustandswechsel bezieht.

```
//= STEP button_light
```

Bei der Verwendung dieser Technik ergibt sich das gleiche Problem, wie
beim expliziten Umschalten von Propositionen. Der Benutzer muss die Annotationen an allen notwendigen Stellen manuell im Quelltext hinzufügen,
um den impliziten Systemzustand mit dem explizit repräsentierten Zustand
des Monitors zu synchronisieren.

4.4.2 Zu bestimmten Ereignissen

Mit der Annotation *EVENT* können automatische Zustandswechsel definiert
werden. Dabei gibt es zwei Möglichkeiten: Entweder Ereignisse werden unabhängig von den bereits definierten Propositionen mit Programmtransformation beschrieben oder die Ereignisse werden abhängig von den bereits
definierten Propositionen angegeben. Beide Möglichkeiten haben gegenüber
der Annotation für einen expliziten Schritt den Vorteil, dass die Ereignisse an zentraler Stelle und unabhängig von der konkreten Implementierung
definiert werden können.

Die Definition von Ereignissen für den Zustandswechsel über Programmtransformationen werden mit dem Schlüsselwort *EVENT* eingeleitet. Danach
wird wie beim expliziten Schritt der Name des betroffenen Monitors angege-

ben. Schließlich folgt wie bei der Programmtransformation für die Belegung von Propositionen die Annotation *ON* und ein regulärer Ausdruck. Für jede Fundstelle dieses regulären Ausdrucks im Benutzerquelltext wird nach der Fundstelle der Befehl für den Zustandswechsel des entsprechenden Monitors eingefügt.

```
//= EVENT button_light ON /value = [0-9]+;/
```

Werden Zustandswechsel basierend auf bereits definierten Propositionen angegeben, so wechselt der Zustand des betroffenen Monitors immer unmittelbar nach einer Änderung der Proposition. Dazu wird nach dem Schlüsselwort *EVENT* zunächst wieder der Name des Monitors und nach dem Schlüsselwort *CHANGE* der Name der zu überwachenden Proposition angegeben.

```
//= EVENT button_light CHANGE light
```

Wird die zugehörige Proposition über explizite Umschaltungen oder Programmtransformation geschaltet, so kann der Zustandswechsel ohne zusätzliche Überwachungen realisiert werden. Wird die Proposition hingegen durch eine explizite C-Funktion definiert, so muss in einem zusätzlichen Task ein Busy-Waiting realisiert werden, damit eine Änderung der Proposition detektiert werden kann. Da das Busy-Waiting in einem eigenen Task durchgeführt wird, wird in diesem Fall der gesamte generierte Quelltext der Monitorkonstruktion durch einen Mutex gesichert. Diese Absicherung wird auch eingefügt, wenn ein Ereignis auf die Änderung einer entfernten Proposition definiert wird. In diesem Fall erreicht die Änderung der Proposition den Agenten durch eine Nachricht, sodass der Monitorschritt im Task der Nachrichtenverarbeitung und damit ebenfalls nicht im Task des Benutzerquelltexts ausgeführt wird.

Bei der Überwachung einer Proposition durch Busy-Waiting ergibt sich das Problem, dass der Benutzerquelltext in vielen Fällen bereits ein Busy-Waiting enthält. Wenn der generierte Monitorquelltext und der Benutzerquelltext unabhängig voneinander Busy-Waiting in zwei verschiedenen Tasks durchführen, führt das dazu, dass die Reihenfolge der Zustände nicht mehr deterministisch ist, da nicht eindeutig ist, welches Busy-Waiting die Änderung vorher bemerkt. Sonst gilt immer der Grundsatz, dass erst der Monitor auf eine Änderung reagiert und dann der Benutzerquelltext. Wird dieser Grundsatz nicht eingehalten, dann können viele Formeln nicht sinnvoll als Monitor verwendet werden. In solchen Fällen kann es daher sinnvoll sein, wie im folgenden Beispiel den Benutzerquelltext in eine von der Motorkonstruktion aufgerufene Callback-Funktion auszulagern. Diese Funktion wird mit jedem Wechsel des Wertes der Proposition aufgerufen. Dieses Prin-

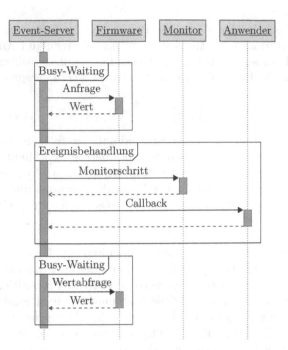

Abb. 4.3 UML-Sequenzdiagramm der Behandlung von Ereignissen durch den Event-Server auf dem NXT

zip wird in Abbildung 4.3 verdeutlicht: Das Busy-Waiting wird durch den Event-Server in einem eigenen Task durchgeführt, der aus den Annotationen generiert wurde. Tritt ein Ereignis ein, so wird zunächst im ebenfalls aus den Annotationen generierten Monitor ein Schritt durchgeführt. Anschließend wird die Callback-Funktion des Benutzerquelltexts aufgerufen. Da die Funktion im Kontext eines anderen Tasks aufgerufen wird, kann es hier zu Problemen kommen. Die threadsichere Programmierung wird dabei dem Benutzer überlassen.

```
//= EVENT button_light CHANGE button ↵
    CALL button_handler
```

Dieses Vorgehen ist bei der Verwendung zur Verifikation problematisch, da die Ausführung des Benutzerquelltextes von der Monitorkonstruktion abhängt. Wenn man die Monitorgenerierung entfernt, funktioniert auch der Benutzerquelltext nicht mehr, da die Funktion button_handler nicht mehr aufgerufen wird.

4.4.3 Nach fester Zeit

Ein vollkommen anderer Ansatz ist der Zustandsübergang des Monitors zu
einer festen Zeit. Dabei wird der Zustandswechsel nach einer festen zeit-
lichen Verzögerung vollkommen unabhängig vom aktuellen Wert der Propositionen durchgeführt. Auf diese Weise können temporale Eigenschaften
mit Bezug zur tatsächlich vergangenen Zeit verifiziert werden. Dafür wird
es komplizierter, Eigenschaften zu spezifizieren, die die direkte Abfolge von
Änderungen bestimmter Propositionen betreffen.

Für dieses Verfahren löst ein Timer den Zustandswechsel des entsprechenden Monitors aus. Dieser Timer wird in einem eigenen Task realisiert,
sodass auch in diesem Fall der gesamte generierte Quelltext der Monitorkonstruktion durch einen Mutex gesichert wird.

Der Zustandswechsel nach fester Zeit wird ebenfalls als Ereignis definiert.
Dazu folgt nach dem Schlüsselwort *EVENT* wie üblich der Name des Monitors
gefolgt von dem Schlüsselwort *TIME*. Anschließend folgt eine Zeitangabe in
Millisekunden.

`//= EVENT button_light TIME 100ms`

Dabei ist zu beachten, dass die Zeit die Verzögerung angibt und kein Inter-
vall. Da die Durchführung des Zustandswechsel unterschiedlich lange dauern
kann, unterliegt die Bestimmung des Zeitpunkts Schwankungen.

Aufgrund der problemspezifischen Vor- und Nachteile der verschiedenen
Möglichkeiten zur Angabe des Zustandswechsels werden in dieser Arbeit alle in diesem Abschnitt vorgestellten realisiert. So kann für jeden Monitor
die am besten geeignete Variante gewählt werden, um die gewünschte Eigenschaft möglichst direkt spezifizieren zu können. In Unterabschnitt 4.6.2
auf Seite 142 werden einige Beispiele vorgestellt, die einen Zustandswechsel
nach fester Zeit und zu bestimmten Ereignissen verwenden.

4.4.4 Öffentliche Propositionen

Zum Abschluss betrachten wir die folgende Vereinfachung für den Spezialfall
eines entfernten Monitors dessen ptLTL-Formel aus genau einer Proposition
besteht. Hier kann statt eines Monitors auch eine Proposition als öffentlich
deklariert werden, indem ihr das Schlüsselwort *PUBLIC* vorangestellt wird.
Selbstverständlich kann es sich bei einer öffentlichen Proposition nicht um
eine entfernte Proposition handeln. Eine öffentliche Proposition

```
//= PUBLIC PROPOSITION p
```

ist nur eine Vereinfachung für die folgende Konstruktion:

```
//= PROPOSITION pp
//= PUBLIC MONITOR p PTLTL = pp
//= EVENT p CHANGE pp
```

Eine öffentliche Proposition ist dabei mehr als eine reine syntaktische Vereinfachung, da der Schritt des Monitors nicht mehr durchgeführt werden
muss. Stattdessen kann direkt beim Versenden einer Nachricht der aktuelle Wert der öffentlichen Proposition an der entsprechenden Stelle im
Knowledge-Vektor eingefügt werden.

4.5 Monitorgenerierung in Scala

Das entwickelte Scala-Programm zur Monitorgenerierung wird auf der Kom-
mandozeile verwendet und mit den NXC-Quelltextdateien aller am System
beteiligter NXT-Agenten aufgerufen. Wie bereits in der Einleitung dieses
Kapitel beschrieben zeigt Abbildung 4.1 auf Seite 98 wie das Programm
mit mehreren Quelltextdateien aufgerufen wird, die dann alle gemeinsam
verarbeitet werden, sodass anschließend wieder für jeden NXT-Agenten eine NXC-Quelltextdatei generiert wird. Ein entsprechender Aufruf kann zum
Beispiel so aussehen.

```
./legomeetsrv.sh zufuhr1.nxc zufuhr2.nxc tisch.nxc ↵
    ausgabe.nxc
```

Dabei wird ein kurzes Shell-Skript aufgerufen, das Java mit der Hauptklasse
des Programms aufruft und alle Abhängigkeiten dem Suchpfad für Klassen
hinzufügt. Die Ausgabe dazu sieht dann wie folgt aus.

```
zufuhr1.nxc
    -> zufuhr1_z1.txt
    -> zufuhr1_aa.aff
    -> zufuhr1_aa.pdf
    -> zufuhr1_out.nxc
zufuhr2.nxc
    -> zufuhr2_out.nxc
tisch.nxc
    -> tisch_tb.txt
```

```
   -> tisch_out.nxc
ausgabe.nxc
   -> ausgabe_bb.aff
   -> ausgabe_bb.pdf
   -> ausgabe_out.nxc
```

Wir erkennen an dieser Ausgabe, dass für jede Quelltexteingabedatei genau eine Quelltextausgabedatei generiert wurde. Diese werden nun jeweils einzeln mit dem NXC-Compiler in entsprechenden Bytecode übersetzt und dann auf die NXT-Agenten kopiert und ausgeführt. Darüber hinaus wurden für jeden Monitor Dateien generiert, die die Funktion des Monitors darstellen und zum besseren Verständnis des Monitorings oder der Fehlersuche verwendet werden können. So wurde für den Agenten zufuhr1 der ptLTL-Monitor z1 generiert, über den eine Textdatei weitere Informationen enthält. Da es sich bei ptLTL-Monitoren nicht um Automaten handelt, existiert für diese Monitore auch keine grafische Darstellung. Im Gegensatz dazu wurde für den fDTL-Monitor aa eine AFF- und eine PDF-Datei generiert. Bei AFF handelt es sich um das Automata File Format von RltlConv, dass alle Zustände und Kanten des Automaten in menschenlesbarer Form als ASCII-Text enthält und in [37] genauer beschrieben wird. Die PDF-Datei enthält eine mit Graphviz[3] generierte grafische Darstellung des gleichen Automaten. Analog wurden für die anderen Monitore Dateien erzeugt, während der Agent zufuhr2 in diesem Beispiel gar keinen Monitor enthält. Es ist trotzdem wichtig, dass auch für diesen Agenten die generierte Datei verwendet wird, damit jeder Agent die Nachrichten korrekt verarbeiten kann, an die ein Knowledge-Vektor angehängt ist.

Als Build-Manager wird Maven[4] eingesetzt, da auf diese Weise alle Abhängigkeiten in einer zentralen Datei pom.xml angegeben werden und das gesamte Projekt auf der Konsole und als automatisch synchronisiertes Eclipse-Projekt kompiliert werden kann. Um Scala-Code mit Maven kompilieren zu können, wird das scala-maven-plugin verwendet. Neben der Scala-Laufzeitbibliothek basiert das Projekt auf dem bereits erwähnten RltlConv, das wiederum das Tool Reduce für die Minimierung von Büchi-Automaten verwendet, die einen wesentlichen Bestandteil der LTL$_3$-Konstruktion darstellt. Reduce realisiert die Minimierung über Simulationstechniken und wird unter anderem in [26] beschrieben. Die Java-Objektdatenbank db4objects[5] wird verwendet, um einmal berechnete Moni-

---

[3] http://www.graphviz.org

[4] http://maven.apache.org

[5] http://www.db4o.com

tore für eine erneute Verwendung zu cachen. Die Details des Caches werden am Ende des Kapitels beschrieben. Schließlich wird JUnit[6] für einige Unit-Tests verwendet.

4.5.1 Architektur der Applikation

Abbildung 4.4 auf der nächsten Seite zeigt die grundsätzliche Architektur des zur Monitorgenerierung entwickelten Scala-Programms. Die Vielzahl an Klassen lässt sich auf das Prinzip der unveränderlichen Objekte zurückführen. Aus diesem Grunde finden sich die unterschiedlichen Schritte der Monitorgenerierung auch in der Klassenstruktur wieder. Die Klasse `AgentReaderCollection` bildet den Einstiegspunkt in das Programm, sodass die eigentliche Hauptklasse nur aus dem folgenden Aufruf besteht.

```scala
object Main {
  def main(args: Array[String]) {
    AgentReaderCollection(args).write
  }
}
```

Es wird also eine neue `AgentReaderCollection` mit den übergebenen Dateinamen als Argument erzeugt. Diese Collection generiert aus der Liste von Dateinamen eine entsprechende Liste von `AgentReadern`, die die Dateien einlesen. Sie lösen dabei zunächst alle `#include`-Statements auf, sodass auch Annotationen in referenzierten Dateien beachtet werden. Der reguläre Ausdruck `//= .*` erkennt nun alle Annotationen und der `AnnotationParserCombinator` parst diese. Der Aufruf `write` auf der `AgentReaderCollection` erzeugt eine entsprechende `AgentBuilder-Collection` und ruft auf ihr ebenfalls `write` auf.

Bei dieser Transformation werden die `AgentReader` in `AgentBuilder` umgewandelt. Beim Parsen ist eine Datenstruktur entstanden, die den gesamten Quelltext und alle Annotationen enthält. Darunter befinden sich Objekte, die fDTL- bzw. ptLTL-Monitorannotationen repräsentieren und im wesentliche Namen und Formeln für die Monitore enthalten. Bei der Erzeugung der `AgentBuilder` werden daraus Instanzen aus `FdtlMonitor` bzw. `PtltlMonitor`, die bereits die fertigen Monitore als Datenstruktur enthalten und Methoden zur Aufbereitung und Ausgabe der Monito-

---

[6] http://www.junit.org

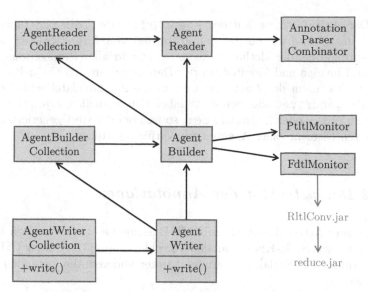

Abb. 4.4 UML-Klassendiagramm der grundsätzlichen Architektur der Monitorgenerierung. In grau sind eingebundene Bibliotheken dargestellt.

re als C-Code enthalten. Die Umwandlung der Formeln in Monitore ist erst jetzt möglich, da insbesondere für die Generierung der fDTL-Monitore wichtig ist, welche der verwendeten Propositionen zweiwertig und welche dreiwertig sind. Deswegen steht jedem `AgentBuilder` ein Verweis auf die `AgentReaderCollection` und damit auf alle `AgentReader` zur Verfügung. Da es sich um unveränderliche Objekte handelt, ist es nicht möglich, dass die Objekte jeweils Verweise auf ihre eigene Collection kennen, da diese schon erzeugt sein müssen, wenn sie alle zusammen der Collection hinzugefügt werden. Der Aufruf `write` auf der `AgentBuilderCollection` transformiert diese schließlich in eine `AgentWriterCollection` auf der ebenfalls `write` aufgerufen wird.

Dabei werden die `AgentBuilder` in `AgentWriter` transformiert, die dann jeweils alle `AgentBuilder` kennen. Die letzte der drei Schichten dient neben der thematischen Kapselung im Quelltext insbesondere dazu, dass den Monitoren in der `AgentBuilderCollection` bei der Quelltextgenerierung alle anderen Monitore zur Verfügung stehen. Sie werden benötigt, um die initiale Ausgabe zu berechnen, die von den initialen Werten der verwendeten Propositionen abhängt. Bei entfernten Propositionen kann das wiederum die initiale Ausgabe eines anderen Monitors sein. Der Aufruf `write` auf der `AgentWriterCollection` führt nun endlich dazu, dass `write` auf den Instanzen von `AgentWriter` aufgerufen wird, wobei die Methoden `generateCode` aller Propositionen, Ereignisse, Einträge und Monitore in der Datenstruktur den C-Quelltext generieren, den dann der `AgentWriter` in die Ausgabedatei schreibt. Die Methode `generateCode` benötigt dabei den aktuellen `AgentReader`, `AgentBuilder` oder `AgentWriter`, sodass bei der Codegenerierung alle benötigten Elemente aller Agenten zur Verfügung stehen.

4.5.2 Datenstruktur der Annotationen

Die in dieser Arbeit dargestellten UML-Diagramme orientieren sich in der Darstellung von Scala-Klassen an den Vorschlägen aus [31, Anhang C: UML-Erweiterungen für Scala]. Dies umfasst unter anderem die folgenden Konventionen:

- In Scala existieren für alle nicht-privaten Attribute automatisch Getter-Methoden gleichen Namens. Diese werden nicht explizit angegeben.
- Traits in Scala erweitern das Konzept von Interfaces in Java, sodass diese auch Implementierungen enthalten dürfen. Sie werden als abstrakte Klassen mit dem Stereotyp «trait» gekennzeichnet. Die Vererbung von Traits untereinander wird wie jene zwischen Interfaces durch einen gestrichelten Pfeil markiert. Die Einmischung von Traits in Klassen wird zusätzlich mit dem Stereotyp «mixin» markiert.
- Scala kennt das Konzept von Singleton-Objekten, die statische Methoden von Java erweitern. Entsprechende Objekte werden als Klasse mit dem Stereotyp «singleton» dargestellt.

Die interne Datenstruktur, in der die Annotationen repräsentiert werden, basiert auf den drei Traits `Annotation`, `Entry` und `PublicElement`. Jede Klasse, die direkt beim Parsen der in den vorherigen Kapiteln beschriebenen Annotationen entsteht, implementiert `Annotation`. Die meisten dieser Klassen können erst nach weiteren Umwandlungen zur Codegenerierung verwendet werden. Alle Klassen, die Quelltext generieren können, implementieren den Trait `Entry`, der dazu die Methode `generateCode` vorschreibt. Alle Klassen, die Elemente repräsentieren, die im NXC-Quelltext als öffentlich deklariert und damit über die Grenzen ihres Agenten hinaus verwendet werden können, implementieren den Trait `PublicElement`.

Die Klasse `AnnotationParserCombinators` übernimmt das Parsen der Annotationen. Diese definiert den Parserkombinator `annotation` und wird wie folgt verwendet.

```
val p = new AnnotationParserCombinators()
p.parseAll(p.annotation, annotation) match {
  case p.Success(annotation, _) => annotation
  /// Fehlerbehandlung
}
```

Dabei wird nur die eigentliche Annotation nach dem einleitenden `//=` geparst, sodass der Parser nur eine Zeile interpretieren muss. Parserkombinatoren basieren auf dem Prinzip, dass sehr einfache Parser durch Operatoren wie Konkatenation und Disjunktion zu komplexeren Parsern kombiniert werden. Da die einzelnen Parser Funktionen sind, die durch Operatoren zu anderen Funktionen kombiniert werden, handelt es sich um ein vor allem im Kontext der funktionalen Programmierung verwendetes Konzept, das von Scala sehr gut unterstützt wird (vgl. [41, 29, Kapitel 31]). Der Vorteil von Parserkombinatoren liegt darin, dass direkt im Quelltext Grammatiken angegeben werden können, die mit Hinweisen zur Verarbeitung der geparsten Daten angereichert werden. Der Nachteil gegenüber manuellen oder generierten Parsern liegt in der langsameren Verarbeitung und den schlechteren Fehlermeldungen durch den rekursiven Abstieg und das Backtracking. Entsprechend eignen sie sich sehr gut für die einfach aufgebauten Annotationen und werden auch zum Parsen der LTL-Formeln in RltlConv verwendet (vgl. [37]).

Abbildung 4.5 auf der nächsten Seite zeigt die Klassen aller Propositionen. Es wird zwischen den öffentlichen und den nicht-öffentlichen Propositionen unterschieden. Die öffentlichen Propositionen können als öffentlich deklariert werden, sodass sich eine entfernte Proposition, repräsentiert durch `PropositionExternal` auf einem anderen Agenten auf diese beziehen kann. Die entfernte Proposition selber ist die einzige nicht-öffentliche Proposition. Der Trait `PublicProposition` implementiert `PublicAnnotation` und `PublicGeneration` gleichzeitig, da diese Unterscheidung nur bei Monitoren wichtig ist. Jede Proposition kann in der Methode `initialValue` ihren initialen Wert ausrechnen. Für die öffentlichen Propositionen ist dies sehr einfach, da dieser entweder false ist oder in der Deklaration anders angegeben wird. Für entfernte Propositionen muss hier aber `initialValue` des referenzierten Objektes aufgerufen werden. Wenn es sich dabei um einen Monitor handelt, wird dafür der aktuelle `AgentWriter` benötigt. Um die richtigen Ergebnisse zu berechnen, muss

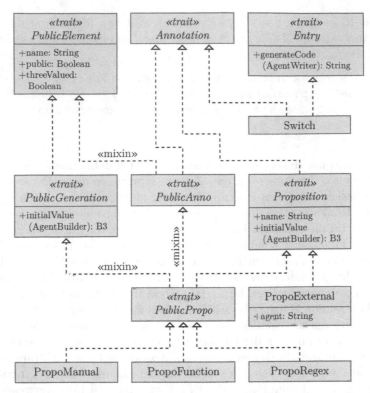

Abb. 4.5 UML-Klassendiagramm der Propositionen. Die Propositionen, die als öffentlich markiert werden können, erben von `PublicProposition` und damit von `PublicGeneration`.

ein Monitor eines entfernten Agenten natürlich mit *seinem* `AgentWriter` aufgerufen werden. Deswegen sucht die Methode `initialValue` der Klasse `PropositionExternal` zunächst nach dem `AgentBuilder` mit dem angegebenen Namen in der `AgentBuilderCollection` und innerhalb dieses Agenten nach einem Monitor mit dem Namen der externen Proposition. Aus der `AgentBuilderCollection` und dem gefundenen `Agent-Builder` wird dann der `AgentWriter` dieses Agenten konstruiert, mit dem dann `initialValue` des gefundenen Monitors aufgerufen werden kann.

Daneben existiert noch die Klasse `Switch`, die selber keine Proposition ist, aber ein `Entry`, der Code zum Setzen des Wertes einer manuellen
Proposition generieren kann.

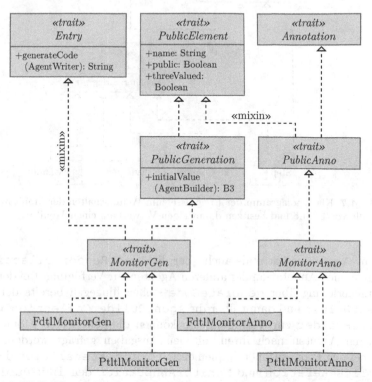

Abb. 4.6 UML-Klassendiagramm der Monitore. Die Annotationen erben von
`MonitorAnnotation` und damit von `PublicAnnotation` und die Klassen zur Codegenerierung erben von `MonitorGeneration` und damit von `PublicGeneration`.

Abbildung 4.6 zeigt alle Klassen der Monitore. Für jeden Monitortyp ist
eine Klasse vorhanden, die von `MonitorGeneration` erbt und eine, die
von `MonitorAnnotation` erbt. Die `MonitorAnnotation` enthält nur
die Formel, während die `MonitorGeneration` bereits den aus der Formel
generierten Monitor enthält und als `Entry` in `generateCode` den entsprechenden C-Quelltext generieren kann. Die Monitorgenerierung findet
also bei der Generierung der `MonitorGeneration` aus der `MonitorAn-
notation` statt. Bei dieser Umwandlung stehen den Methoden sowohl der

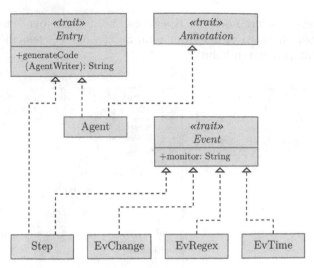

Abb. 4.7 Klassendiagramm der Ereignisse zum Weiterschalten der Monitore. Sie erben alle von `Event` und besitzen damit einen Verweis auf einen Monitor.

eigene `AgentBuilder` als auch über die `AgentReaderCollection` die eingelesenen Annotation der anderen Agenten zur Verfügung. Bei der Quelltextgenerierung über `generateCode` stehen hingegen bereits der eigene `AgentWriter` und damit über die `AgentBuilderCollection` auch die `AgentBuilder` zur Verfügung. So können die generierten Monitore der anderen Agenten nach ihren initialen Ausgaben gefragt werden. Genau wie bei den Propositionen implementiert `MonitorGeneration` den Trait `PublicGeneration` und `MonitorAnnotation` den Trait `PublicAnnotation`. Die Details der beiden Monitorkonstruktionen werden in den folgenden Abschnitten beschrieben.

Abbildung 4.7 zeigt die Klassen der Ereignisse zum Weiterschalten der Monitore. Alle Ereignisse erben von dem Trait `Event` und verweisen in dem Attribut `monitor` auf den Monitor, der weitergeschaltet werden soll. Das Ereignis `Step` ist zusätzlich auch noch ein `Entry`, da an der Stelle der Annotation *STEP* im Quelltext direkt die Anweisung zum Weiterschalten des entsprechenden Monitors generiert wird, während die anderen Ereignisse von anderen Klassen zur Codegenerierung ausgelesen werden. Alle Instanzen von `EventChange` stehen in einem Attribut des `AgentWriter` zur Verfügung und werden immer dann beachtet, wenn einer Proposition ein neuer Wert zugewiesen wird. Um die Instanzen von `EventChange`, die auf

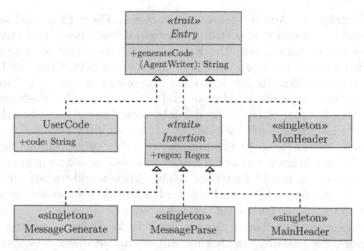

Abb. 4.8 Klassendiagramm weiterer Elemente, die Quellcode generieren können. Von Insertion erben alle Klassen, deren Position zum Einfügen des Codes über einen eigenen regulären Ausdruck gesucht wird.

eine PropositionFunction verweisen, berücksichtigen zu können, wird für diese ein eigener Task im NXC-Code generiert. Dieser Task führt ein Busy-Waiting auf Änderungen der Auswertung des C-Codes für diese Proposition durch. Für die Behandlung der Instanzen von EventTime wird ebenfalls ein eigener Task erzeugt, der die betroffenen Monitore jedes Mal weiter schaltet, wenn die angegebenen Zeit vorüber ist. Die EventRegex werden zusammen mit den ebenfalls auf regulären Ausdrücken basierenden Insertion zum Schluss bei der Ausgabe des eingelesenen Quelltexts berücksichtigt.

Ebenfalls in Abbildung 4.7 auf der vorherigen Seite dargestellt ist die Annotation Agent. Diese legt den Namen des aktuellen Agenten fest, ist aber vor allem in ihrer Funktion als Entry wichtig, denn an der Stelle dieses Eintrags wird über die Methode generateCode der Quelltext der Monitorfunktionen und zusätzlicher Quelltext zum Anzeigen der aktuellen Ausgaben der Monitore auf dem Display der NXTs ausgegeben.

Abbildung 4.8 zeigt weitere Einträge, die Quelltext generieren. Es handelt sich bei allen Klassen in diesem UML-Diagramm um Singleton-Objekte, da die modellierten Elemente jeweils genau einmal im Quelltext eines Agenten vorkommen. Die einzige Ausnahme bildet die Wrapper-Klasse UserCode, die verwendet wird, um NXC-Code ohne Annotationen mit in die Liste der Einträge des AgentReader aufzunehmen. Diese Liste wird am Ende verwendet, um den Quelltext des Agenten inklusive des generierten Quelltextes wieder auszugeben. Die Klasse MonHeader wird als Entry noch vor den ersten UserCode platziert und generiert NXC-Code zur Deklaration der Variablen für die Monitore, Propositionen und den Knowledge-Vektor, die verwendeten Mutexe und Konstanten. Die Positionen zum Einfügen des generierten Code der folgenden Insertions innerhalb der UserCode-Einträge wird wie für EventRegex über reguläre Ausdrücke definiert. MessageGenerate und MessageParse suchen die Signaturen der NXC-Funktionen message_generate und message_parse wie am Anfang von Abschnitt 4.2 auf Seite 103 beschrieben und ergänzen hier Quelltext zum Anhängen bzw. Auslesen des Knowledge-Vektors an Nachrichten. MainHeader schließlich sucht den Beginn des Haupttasks *task* main(){ und ergänzt unmittelbar zu Beginn dieses Tasks die Initialisierung des Monitorings. Die Initialisierung beginnt mit einem Aufruf der Ausgabefunktion mit den initialen Ausgaben der Monitore. Diese Funktion stellt die Ausgabe der Monitore auf dem Display der Agenten dar. Genauso werden eventuell definierte Callback-Funktionen der Monitore mit der initialen Ausgabe aufgerufen. Schließlich werden am Ende der Initialisierung die Tasks für den Event-Server und die Timer gestartet. Diese beiden Tasks werden ebenfalls von MainHeader direkt vor dem Beginn des Haupttasks generiert. Für jede angegebene Zeit in einem EventTime wird ein Timer als Task generiert, der diese Zeit wartet und dann der Reihe nach die Monitore der entsprechenden EventTime weiterschaltet. Falls EventChange existieren, die auf eine PropositionFunction verweisen, wird ein Event-Server als Task generiert, der wie in Abbildung 4.3 auf Seite 114 bereits dargestellt bei Änderungen der Auswertung des C-Codes für diese Proposition den entsprechenden Monitor weiterschaltet.

4.5.3 ptLTL-*Monitorgenerierung*

Die im vorigen Kapitel beschriebene ptLTL-Monitorgenerierung ist in der Klasse PtltlMonitor implementiert. Die Menge $\mathrm{sub}_T(\varphi)$ der temporalen Teilformeln einer LTL-Formel φ wird in der Methode temporalSubformulas berechnet. LTL-Formeln werden dabei durch die Datenstruktur aus RltlConv repräsentiert, wobei nur die aussagenlogischen und die temporalen Vergangenheitsoperatoren verwendet werden. Dabei erben alle Operatoren von der gemeinsamen Basisklasse LtlExpression. Betrachten wir beispielsweise die Formel $\varphi = (p\,\mathcal{S}\,\ominus q) \vee$ false, so kann diese wie bereits im Abschnitt über die Monitorannotation beschrieben als String (p S Pq) || FALSE dargestellt werden. Der Parser liefert die folgende Objektstruktur, die intern verwendet wird.

```
Disjunction(Since(Letter("p"), Previous(Letter("q"))),
    Bool(false))
```

Angenommen die Variable phi enthält diese Formel, so gilt

```
PtltlMonitor.temporalSubformulas(phi) == [
    Previous(Letter("q")),
    Since(Letter("p"), Previous(Letter("q")))
]
```

Dabei ist zu beachten, dass die Reihenfolge nicht beliebig ist, sondern jeweils alle temporalen Teilformeln einer Formel in der Liste vor dieser Formel stehen. Mit dieser Liste kann nun jeder Teilformel eine Instanz der Klasse Store zugewiesen werden, sodass anschließend alle Vorkommen der entsprechenden Teilformel in der Liste der Teilformeln und der Formel selber durch diese Instanz ersetzt werden. Dazu erbt Store wie ein LTL-Operator von LtlExpression. Eine Instanz von Store entspricht einer Speicherbelegung und besteht aus einer eindeutigen ID, um die Stellen im Speicher unterscheiden zu können, und der Information, ob an dieser Stelle der Formel der aktuelle oder der vorherige Wert im Speicher bei der Auswertung eingesetzt werden soll. Schließlich wird die initiale Belegung für alle Speicherinstanzen in Abhängigkeit des zugehörigen Operators berechnet. Der Monitor besteht dann aus der Liste der entsprechend behandelten Teilformeln, der Hauptformel und den initialen Speicherbelegungen. Im Beispiel der oben genannten Formel kann der generierte Monitor wie folgt als String serialisiert werden.

```
S'(0) = q
S'(1) = S(0) OR (p AND S(1))
b = S'(1) OR FALSE
S0 = [false, false]
```

Wir erkennen an diesem Beispiel, dass die Formeln vor der Monitorgenerierung nicht minimiert werden.

Die Methode step eines solchen Monitors nimmt eine aktuelle Speicherbelegung als Liste von booleschen Werten und eine Eingabe als Abbildung von Namen der Propositionen auf die aktuellen Belegungen entgegen und liefert die Ausgabe des Monitors und die neue Speicherbelegung und wurde implementiert als schrittweise Evaluierung der Formeln des Monitors. Angenommen die Variable p enthält den oben beschriebenen Monitor, so liefert der Aufruf

```
p.step(p.initialStore, Map("p" -> true, "q" -> true))
```

die Ausgabe *false* und List(*true, false*) als neue Speicherbelegung, da im übergebenen Zustand nur p gilt, sodass im nächsten Zustand $\ominus p$ gilt.

In der Klasse PtltlMonitorAnnotation wird aus einer ptLTL-Formel ein solcher Monitor erzeugt. Die Klasse PtltlMonitorGeneration kann aus einem solchen Monitor dann NXC-Quelltext generieren. Dazu werden die Formeln direkt in C-Code übersetzt, was problemlos möglich ist, da diese nur noch aussagenlogische und keine temporalen Operatoren mehr enthalten. Aus dem hier betrachteten Beispiel ergibt sich der folgende Code für einen Monitor namens m.

```
sub _mon_m_step() {
  bool new_state[];
  new_state = _mon_m_state;
  new_state[0] = _mon_q;
  new_state[1] = _mon_m_state[0] ||
    (_mon_p && _mon_m_state[1]);
  _mon_m_output = _new_state[1] || false;
  _mon_m_state = new_state;
}
```

Der Code ist etwas vereinfacht, denn in dem Beispiel fehlt das Darstellen der Ausgabe und der Aufruf der Callback-Funktionen.

Mit Hilfe der initialen Belegungen der Propositionen und dem initial-Store wird mit der Methode step der erste Schritt des Monitors simuliert. Das Ergebnis steht als initialValue der PtltlMonitorGeneration zur Verfügung und wird unter Umständen in der Berechnung des initialen Wertes anderer Monitore oder für die Initialisierung des Knowledge-Vektors verwendet.

4.5.4 fDTL-*Monitorgenerierung*

Die im vorherigen Kapitel vorgestellte Umwandlung einer fDTL-Formel in einen ABA wird in der Methode toApa der Klasse FdtlFormula implementiert. Der wesentliche Unterschied zur Klasse LtlFormula aus Rltl-

Conv besteht im Alphabet, das in der Klasse `Alphabet` neu implementiert wurde. Es wird mit einer Menge AP von zweiwertigen und einer Menge CP von dreiwertigen Propositionen instanziiert und berechnet das eigentliche Alphabet dann als $\Sigma = \mathbb{B}_2{}^{\mathrm{AP}} \oplus \mathbb{B}_3{}^{\mathrm{CP}}$. Für AP $= \{p\}$ und CP $= \{r\}$ ergibt sich in der Implementierung die folgende Menge von Strings.

```
Set("()", "(p)", "(r?)", "(p&&r?)", "(r)", "(p&&r)")
```

Dabei wird eine Proposition, die im Zeichen auf false abgebildet wird, gar nicht dargestellt, eine Proposition, die auf ? abgebildet wird, erhält ein Fragezeichen am Ende und eine Proposition, die auf true abgebildet wird, wird ohne Änderung dargestellt.

Der alternierende Büchi-Automat wird dann analog zur Transformation einer LTL-Formel durch eine Tiefensuche konstruiert. Der wesentliche Unterschied liegt in der Behandlung von Propositionen, da dreiwertige Propositionen je nach aktueller Belegung auf true, false oder den entsprechenden Wartezustand abgebildet werden. Ebenfalls im Vergleich zur Behandlung einer LTL-Formel neu ist der Aufruf der Funktion `repl` bei der Behandlung des Next-Operators $\bigcirc$. Diese Funktion wurde analog zur induktiven Definition im vorherigen Kapitel rekursiv implementiert. Nach der Tiefensuche wird die Zuordnung der Zustände zu den entsprechenden Teilformeln nicht mehr benötigt, sodass der finale Automat durch eine Transformation von Instanzen von `LtlExpression` als Zustände auf Instanzen von `State` erzeugt wird.

Die Klasse `FdtlMonitorAnnotation` stellt für eine fDTL-Formel, die durch den Parser aus einer Monitorannotation ausgelesen wurde, das Alphabet zusammen. Dafür wird jede in der Formel enthaltene Proposition in der Liste der Propositionen gesucht und überprüft, ob es sich um eine entfernte Proposition handelt, die wiederum auf einen Monitor verweist, der auf einer fDTL-Formel basiert. Nur in diesem Fall handelt es sich um eine dreiwertige Proposition. Um das zu entscheiden werden alle Instanzen von `FdtlMonitorAnnotation` auf allen anderen Agenten benötigt, sodass diese Suche in der Methode `toMonitorGeneration` implementiert wurde, die als Parameter einen `AgentBuilder` erhält. Schließlich wird aus der Formel und dem Alphabet der Monitor mit folgendem Aufruf erzeugt.

```
FdtlFormula(expression, alphabet).
    toApas.toFsm.toMinimizedFsm
```

Der Aufruf `toFsm.toMinimizedFsm` auf einer Instanz eines ABA wird dabei von RltlConv zur Verfügung gestellt.

Die Instanz der Klasse `FdtlMonitorGeneration` kann nun auf eine Repräsentation einer Moore-Maschine zugreifen und wandelt diese in entsprechenden NXC-Quelltext um. Dieser besteht aus einer großen Switch-Case-Anweisung für die Zustände mit Bedingungen, um den nächsten Zustand zu bestimmen. Dabei wird eine passende Kombination von geltenden Propositionen für die richtige Kante des Automaten gesucht. Betrachten wir zum Beispiel die Formel $(\lozenge p) \vee r$ über dem oben bereits verwendeten Alphabet, so ergibt sich der Automat aus Abbildung 4.9. Die zugehörigen alternierenden Büchi-Automaten A_φ und $A_{\neg\varphi}$ wurden als Beispiel am Ende von Unterabschnitt 3.4.1 konstruiert und sind in Abbildung 3.6 bzw. Abbildung 3.7 auf Seite 75 dargestellt.

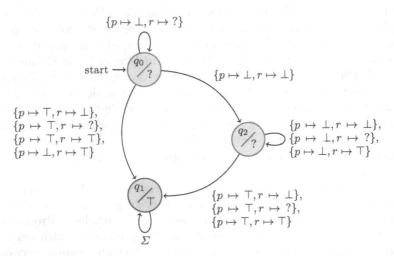

Abb. 4.9 Moore-Maschine der Formel $(\lozenge p) \vee r$

In dieser Abbildung werden Transitionen zwischen denselben Zuständen bereits als nur eine Kante eingezeichnet. Die Belegungen dieser Propositionen werden nun logisch verodert, sodass sich der folgende Quelltext für die NXC-Funktion zum Weiterschalten dieses Monitors m ergibt.

```
sub _mon_m_step() {
    switch (_mon_m_state) {
        case 0:
            if (!_mon_p && _mon_r == MONITOR_UNKNOWN) {
                _mon_m_state = 0;
                _mon_m_output = MONITOR_UNKNOWN;
```

```
    } else if (!_mon_p && _mon_r == MONITOR_BOT) {
      _mon_m_state = 2;
      _mon_m_output = MONITOR_UNKNOWN;
    } else if ((_mon_p && _mon_r == MONITOR_TOP) ||
               (!_mon_p && _mon_r == MONITOR_TOP) ||
               (_mon_p && _mon_r == MONITOR_UNKNOWN) ||
               (_mon_p && _mon_r == MONITOR_BOT)) {
      _mon_m_state = 1;
      _mon_m_output = MONITOR_TOP;
    }
    break;
  case 1:
    break;
  case 2:
    if ((!_mon_p && _mon_r == MONITOR_BOT) ||
        (!_mon_p && _mon_r == MONITOR_UNKNOWN) ||
        (!_mon_p && _mon_r == MONITOR_TOP)) {
      _mon_m_state = 2;
      _mon_m_output = MONITOR_UNKNOWN;
    } else if ((_mon_p && _mon_r == MONITOR_TOP) ||
               (_mon_p && _mon_r == MONITOR_UNKNOWN) ||
               (_mon_p && _mon_r == MONITOR_BOT)) {
      _mon_m_state = 1;
      _mon_m_output = MONITOR_TOP;
    }
    break;
  }
}
```

Betrachtet man die Bedingungen genauer, so erkennt man zum Beispiel im Falle der Kante von q_0 nach q_1, dass es ausreicht, wenn $p \mapsto \top$ oder $r \mapsto \top$ gilt, sodass sich die Bedingung auch zu

```
_mon_p || _mon_r == MONITOR_TOP
```

vereinfachen lassen würde, da die Belegung der jeweils anderen Proposition in beiden Fällen egal ist. Enthält eine Formel mehr Propositionen erweitert sich das Problem der überflüssig langen Bedingungen noch, da die Größe des Alphabets natürlich exponentiell in der Anzahl der Propositionen wächst. Deswegen werden wir im nächsten Abschnitt betrachten, wie eine solche Bedingung minimiert werden kann.

4.5.5 Minimierung der Transitionen mit Quine-McCluskey

Bei den Bedingungen handelt es sich um aussagenlogische Formeln über $\mathbb{B}_2$ bzw. $\mathbb{B}_3$. Für zweiwertige Variablen kann eine solche Formel mit dem Verfahren nach Quine und McCluskey minimiert werden. Dazu werden die folgenden Schritte durchgeführt:

1. *Berechnen der Minterme.* Da es sich bei den Formeln bereits um Disjunktionen von Vollkonjunktionen handelt, da in jeder Konjunktion alle Propositionen enthalten sind, können die Konjunktionen direkt als Minterme übernommen werden.

2. *Bestimmen der Primimplikanten.* Dazu werden aus der Menge der Terme solange zwei Terme durch Streichen einer Variable zu einem neuen Term vereinigt, bis keine zwei Terme mehr eine Variable in positiver und negierter Form enthalten.

3. *Ermitteln der notwendigen Primterme.* Die Disjunktion der Primterme ist zwar äquivalent zur Ausgangsformel, aber noch nicht notwendigerweise minimal, da nicht immer tatsächlich alle Primterme benötigt werden. Die tatsächlich notwendigen Primterme werden durch eine Dominanzprüfung ermittelt.

Bei der Dominanzprüfung wird in einer Tabelle notiert, welche Primterme (Zeilen) welche Minterme (Spalten) abdecken. Nun wird iterativ abwechselnd eine Spaltendominanzprüfung und eine Zeilendominanzprüfung durchgeführt, bis keine Primterme mehr gestrichen werden können. Die übrigen Primterme bilden die minimale Formel. Bei der Spaltendominanzprüfung werden diejenigen Minterme aus der Tabelle gestrichen, deren Primterme eine Obermenge einer anderen Spalte bilden. Bei der anschließenden Zeilendominanzprüfung werden diejenigen Primterme aus der Tabelle gestrichen, deren Minterme eine Teilmenge einer anderen Zeile bilden. In [9] wird das Verfahren im Detail beschrieben.

In der Implementierung in der Klasse QuineMcCluskey werden die einzelnen Schritte in der Methode minimize durchgeführt. Dabei werden zunächst in der Methode primeImplicants, die mit der Formel und ihrem Alphabet aufgerufen wird, die Primimplikanten bestimmt. Jede Disjunktion der Formel wird dabei zunächst zu einer Instanz der Klasse Implicant. Diese speichert den eigentlichen Term und die Menge der abgedeckten Minterme als Menge von Integern. Da bei der Initialisierung die Terme die Vollkonjunktionen und damit die Minterme sind, enthält die Menge jeweils

genau einen Integer und dieser wird hochgezählt. Die Klasse `Implicant`
stellt Methoden zur Bestimmung des Unterschieds zweier Implikanten und
zum Kombinieren zweier Implikanten zu einem neuen Implikanten zur Verfügung, sodass nun leicht kombinierbare Paare gesucht und kombiniert werden können, bis die Primimplikanten gefunden sind.

Für die anschließende Dominanzprüfung werden die redundanten Primterme bzw. Minterme herausgesucht und jeweils entfernt. Da nur die Liste
der Primterme, also die Zeilen der Tabelle, explizit gespeichert ist, werden
nur diese explizit entfernt. Ein redundanter Minterm wird in der Spaltendominanzprüfung gestrichen, indem er in der Menge der abgedeckten Minterme aller Primterme gestrichen wird.

Das Verfahren von Quine und McCluskey wird in dieser Implementierung
auf Formeln erweitert, die dreiwertige und zweiwertige Variablen enthalten.
Bei der Bestimmung der Primimplikanten kann eine dreiwertige Variable
nur durch eine Kombination von drei Termen entfernt werden, da alle möglichen Belegungen in der Disjunktion vorkommen müssen, damit die Belegung der Variable unerheblich wird. In der Suche nach solchen Kombinationen müssen allerdings nicht alle möglichen Tripel gebildet werden, da ein
Tupel von Termen, dass zwei unterschiedliche Belegungen für eine dreiwertige Variable enthält, den dritten benötigten Term bereits eindeutig definiert,
sodass nur geprüft werden muss, ob dieser in der Liste der Terme enthalten
ist. Die Implementierung der Dominanzprüfung kann anschließend beibehalten werden, da weiterhin durch die notwendigen Primimplikanten alle
Minterme abgedeckt werden müssen.

4.5.6 Caching mit db4o

Da sowohl die Generierung der Moore-Maschine aus dem ABA innerhalb von RltlConv als auch die Minimierung der Bedingungen für den
Zustandswechsel in der Moore-Maschine durch das Quince-McCluskey-
Verfahren für größere Formeln sehr lange dauern können, wurde für die
fDTL-Monitorgenerierung ein Cache implementiert, sodass die Monitorgenerierung für eine Formel nur einmal durchgeführt wird. Da die Software
als Kommandozeilenanwendung für ein System aufgerufen und nach Ausgabe des generierten Quelltextes wieder beendet wird, muss dieser Cache
im Dateisystem gespeichert werden. Als Datenbank wird dabei db4objects

(db4o)[7] verwendet, da dieses Datenbanksystem Java-Objekte speichern kann ohne dass diese zunächst manuell serialisiert werden müssen (vgl. [15]). Darüber hinaus lässt sich db4o sehr leicht in ein Maven-Projekt integrieren und es wird kein dedizierter Server benötigt, da die verwendete Bibliothek als Backend auch eine einzelne Datei verwenden kann.

In der Datenbank gespeichert werden Instanzen der Klasse `FdtlMonitorCache`, die einen LTL-Ausdruck, ein Alphabet, die entsprechende Moore-Maschine und die minimierten Transitionen enthält. Die minimierten Transitionen sind dabei vom Typ `Map[State,Map[List[Map[String, B3]],State]]`, da für einen aktuellen Zustand und eine Disjunktion von Konjunktionen von Belegungen für Propositionen genau ein neuer Zustand angegeben wird. Alle diese Informationen stehen nach der Durchführung der Minimierung in der Bestimmung der Transitionen in der Methode `generateCode` der Klasse `FdtlMonitorGeneration` zur Verfügung und werden dann in die Datenbank geschrieben. Um auch die Monitorgenerierung und nicht nur die Anwendung des Quine-McCluskey-Verfahrens nicht erneut durchführen zu müssen, wird bereits bei der Generierung des Monitors aus der Formel bei der Umwandlung der Klasse `FdtlMonitorAnnotation` in `FdtlMonitorGeneration` der vollständige Eintrag aus dem Cache geladen. An dieser Stelle wird dann zunächst nur der eigentliche Automat aus dem Cache-Objekt verwendet, aber das Cache-Objekt wird der `FdtlMonitorGeneration` bei der Erzeugung zur weiteren Verwendung mitgegeben.

Bei der Suche nach einem passenden Element im Cache wird über die folgende Anfrage ein Eintrag mit gleicher Formel und gleichem Alphabet gesucht:

```
connection.query {
  cache: FdtlMonitorCache =>
    cache.expression == expression &&
      cache.alphabet == alphabet
}
```

Da der LTL-Ausdruck direkt verglichen wird, funktioniert der Cache nur bei erneuter Umwandlung der exakt gleichen Formel. Man könnte den Cache dahingehend erweitern, dass auch α-kongruente Formeln gefunden werden und die Propositionen im Automaten und in den minimierten Transitionen entsprechend umbenannt werden. Diese Erweiterung könnte die Anzahl der Cache-Hits deutlich erhöhen.

---

[7] http://www.db4o.com

Leider hat sich während der Implementierung des Caches herausgestellt, dass db4o einige Probleme mit komplizierteren Objekten aus der Scala-API hat. So kam es unregelmäßig dazu, dass die Scala-Map der minimierten Transitionen an einigen Stellen Null-Pointer statt der ursprünglich gespeicherten Objekte enthielt. Entsprechend wurden die Cache-Objekte so angepasst, dass die vier enthaltenen Objekte als String serialisiert werden. Für den LTL-Ausdruck, das Alphabet und die Moore-Maschine können dabei die entsprechenden Serialisierungen und Deserialisierungen aus RltlConv verwendet werden. Für die minimierten Transitionen wurde eine Serialisierung implementiert, die sich am Format der Transitionen in AFF orientiert. Die KNF der Belegungen der Propositionen wird dabei in einen String getrennt von || und && umgewandelt, wobei jeder Proposition ein + vorangestellt wird, wenn sie auf $\top$ abgebildet wird, ein ?, wenn sie auf ? abgebildet wird, und ein !, wenn sie auf $\perp$ abgebildet wird. Bei der Deserialisierung des Automaten und der minimierten Transitionen muss dann beachtet werden, dass die Zustände derart synchronisiert werden, dass gleiche Zustände nicht nur gleiche Namen haben, sondern auch wieder identisch sind.

4.6 Beispiele

In diesem Abschnitt wird in zwei verschiedenen Fallstudien betrachtet, wie die Korrektheit von verteilten Systemen mit der im Rahmen dieser Arbeit implementierten Monitorgenerierung überprüft werden kann. Als verteiltes System wird wie bereits ausführlich beschrieben das System LEGO Mindstorms eingesetzt. Die einzelnen Agenten werden in der C-artigen Sprache NXC programmiert.

4.6.1 Taktstraße

Die erste Fallstudie betrachtet eine Taktstraße mit vier Förderbändern und einem Drehtisch. Diese Taktstraße simuliert einen industriellen Fertigungsprozess, in dem ein Werkstück automatisch durch die verschiedenen Stationen transportiert wird. Lichtschranken erkennen, wo sich das Werkstück aktuell befindet, und die einzelnen Stationen werden durch kommunizierende Agenten entsprechend gesteuert. Derartige automatisierte Fertigungsanlagen werden häufig mit einer Kombination von dezentralen und zentralen

Steuerungen betrieben. Die Beispiele demonstrieren, wie temporale Korrektheitseigenschaften eines solchen Systems durch das in dieser Arbeit entwickelte dezentrale Monitoring überwacht werden können.

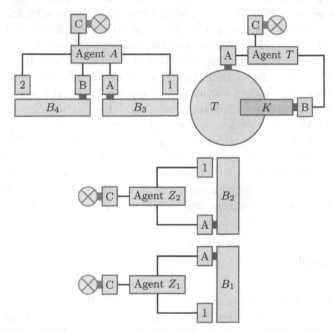

Abb. 4.10 Schematisches Layout der NXT-Agenten in der Taktstraße

Abbildung 4.10 zeigt das schematische Layout von vier NXT-Agenten in der Taktstraße. Die Förderbänder B_i bewegen ein Werkstück aus der Eingabe in der unteren rechten Ecke der Abbildung zur Ausgabe in der oberen linken Ecke. Jedes Förderband wird durch die daran angeschlossenen Motoren A und evtl. B bewegt. In der oberen rechten Ecke wird das Werkstück durch den Drehtisch T rotiert und durch den Kipper K auf das Förderband B_3 geschoben. Die Sensoren 1 bzw. 2 sind Helligkeitssensoren, die jeweils dann aktiv werden, wenn sich das Werkstück direkt vor ihnen befindet. Die Ausgabe C der NXT-Agenten ist jeweils mit einem gelben Licht verbunden, dass die Ausgabe eines ausgewählten Monitors anzeigen kann.

Beispiel 4.1 (Es befindet sich nur ein Werkstück in der Taktstraße). Die folgende Formel stellt sicher, dass sich immer nur ein Werkstück in der

Straße befindet. Nachdem sich ein Werkstück am Anfang von Band B_1 befunden hat, darf sich hier also kein weiteres Werkstück befinden, bis ein Werkstück am Ende von Band B_4 die Straße verlassen hat. Nachdem also der Sensor 1 von Agent Z_1 etwas gesehen hat, darf er nichts mehr sehen, bis der Sensor 2 von Agent A etwas gesehen hat. Als Formel ergibt sich

$$\overline{\varphi}_1 = @_{Z_1}^{\mathrm{fDTL}} \,\square(s_1 \to \bigcirc(\neg\, s_1 \,\mathcal{U}\, @_A^{\mathrm{ptLTL}} s_2)).$$

Die Proposition s_1 gilt dabei so lange, wie sich ein Werkstück vor Sensor 1 befindet, s_2 gilt analog.

Wir wollen die Formel $\overline{\varphi}_1$ nun so anpassen, dass sich nur dann kein Werkstück vor Sensor 1 von Agent Z_1 befinden darf, wenn ein Werkstück Band B_1 betreten und Band B_2 wieder verlassen hat. Auf diese Weise wird sichergestellt, dass ein Werkstück vor einem Sensor nicht versehentlich als zwei verschiedene Werkstücke interpretiert werden kann. Die Proposition s_1 auf Agent Z_1 darf also nur dann nicht mehr gelten, wenn sich vorher ein Werkstück am Sensor 1 von Agent Z_1 und anschließend am Sensor 1 von Agent Z_2 befunden hat. Als Formel ergibt sich

$$\varphi_1 = @_{Z_1}^{\mathrm{fDTL}} \,\square\Big((s_1 \wedge \Diamond\, @_{Z_2}^{\mathrm{ptLTL}} s_1) \to$$
$$(((@_{Z_2}^{\mathrm{ptLTL}} s_1) \to (\neg\, s_1 \,\mathcal{U}\, @_A^{\mathrm{ptLTL}} s_2))\,\mathcal{U}\, @_A^{\mathrm{ptLTL}} s_2)\Big)$$

Der äußere Until-Operator dient in dieser Formel dazu, abzuwarten, bis die Proposition s_1 auf Agent Z_2 tatsächlich gilt.

Um diese Formel zu überprüfen wird im Quelltext zufuhr1.nxc des Agenten Z_1 der Monitor aa ergänzt.

```
//= AGENT zufuhr1
//= PROPOSITION s1 DEFINE (Sensor(S1) >= STONE)
//= PROPOSITION a2 EXTERNAL ausgabe
//= PROPOSITION z2 EXTERNAL zufuhr2
//= PUBLIC MONITOR aa FDTL = G((s1 && F z2) -> ≀
     ((z2 -> (!s1 U a2)) U a2))
//= EVENT aa CHANGE s1
//= EVENT aa CHANGE e2
//= EVENT aa CHANGE z2
```

Die entfernte Proposition a2 bezieht sich auf eine öffentliche Proposition auf Agent A, die dort an den Sensor 2 gebunden wird.

```
//= AGENT ausgabe
//= PUBLIC PROPOSITION a2 DEFINE (Sensor(S2) >= STONE)
```

z2 wird analog auf Agent Z_2 an Sensor 1 gebunden.

Beispiel 4.2 (Es entstehen keine Werkstücke auf dem Drehtisch). Die folgende Formel verifiziert, dass sich solange kein Werkstück am Anfang von B_3 befindet, bis ein Werkstück am Ende von B_2 gesehen wurde.

$$\varphi_2 = @_A^{\text{fDTL}}(\neg\, s_1\, \mathcal{U}\, @_{Z_2}^{\text{ptLTL}} s_1)$$

Im Gegensatz zum vorherigen Beispiel kann diese Formel durch ein Präfix erfüllt oder verletzt werden, sodass in diesem Beispiel die volle Ausdrucksstärke der verwendeten LTL$_3$-Konstruktion deutlich wird. Ist die Formel allerdings einmal erfüllt, so findet keine weitere Überprüfung statt.

Für die Implementierung dieses Monitors werden die folgenden Annotationen im Quelltext ausgabe.nxc des Agenten A ergänzt.

```
//= AGENT ausgabe
//= PROPOSITION s1 DEFINE (Sensor(S1) >= STONE)
//= PROPOSITION z2 EXTERNAL zufuhr2
//= PUBLIC MONITOR bb FDTL = !s1 U z2
//= EVENT bb CHANGE s1
//= EVENT bb CHANGE z2
```

Die öffentliche Proposition z2 wird wie im vorherigen Beispiel an Sensor 1 auf Agent Z_2 gebunden.

Beispiel 4.3 (Es wird keine Station der Taktstraße übersprungen). In diesem Beispiel wollen wir prüfen, dass sich das Werkstück in der richtigen Reihenfolge an allen Stationen der Straße befunden hat. Wenn ein Werkstück am Anfang von Band B_1 und anschließend am Ende von Band B_4 gesehen wurde, dann muss es dazwischen auch das Ende von Band B_2 und anschließend den Anfang von Band B_3 passiert haben. Die folgende Formel prüft den ersten Teil dieser Eigenschaft.

$$\varphi_3 = @_A^{\text{fDTL}}\square\left(@_{Z_1}^{\text{ptLTL}} s_1 \to \square(s_2 \to \psi_3)\right)$$

Auf Agent A wird verlangt, dass ψ_3 gilt, wenn s_1 auf Agent Z_1 mal galt und jetzt s_2 auf Agent A gilt. ψ_3 muss also gelten, wenn ein Werkstück die Taktstraße betreten und wieder verlassen hat. Diese Eigenschaft wird im Quelltext ausgabe.nxc auf Agent A der Monitor cc deklariert.

```
//= AGENT ausgabe
//= PROPOSITION z1 EXTERNAL zufuhr1
//= PROPOSITION s2 DEFINE (Sensor(S2) >= STONE)
//= PROPOSITION z2q EXTERNAL zufuhr2
//= PUBLIC MONITOR cc FDTL = G(z1 -> G(s2 -> z2q))
//= EVENT cc CHANGE z1
//= EVENT cc CHANGE s2
//= EVENT cc CHANGE z2q
```

Dabei wird die öffentliche Proposition z1 wie üblich an Sensor 1 auf Agent Z_1 gebunden.

Die Teilformel ψ_3 ist gegeben als

$$\psi_3 = @_{Z_2}^{\text{ptLTL}} \left(\left(@_A^{\text{ptLTL}} s_1 \to \neg(\neg s_1 \, \mathcal{S} \, @_{Z_1}^{\text{ptLTL}} s_1) \right) \mathcal{S} \, @_{Z_1}^{\text{ptLTL}} s_1 \right).$$

Seit s_1 auf Agent Z_1 gegolten hat, also seit ein Werkstück die Taktstraße betreten hat, muss jedes Mal, wenn s_1 auf A gilt, also ein Werkstück am Sensor des ersten Ausgabebandes B_3 gesehen wurde, folgende Aussage gelten: Es kann nicht sein, dass s_1 auf Z_2 nie galt, seit $@_{Z_1}^{\text{ptLTL}} s_1$ galt. Es kann also nicht sein, dass am zweiten Zufuhrband B_2 nie ein Werkstück vorbeikommen ist, seit eines am Anfang von B_1 gesehen wurde. Ein Werkstück, dass die Taktstraße betritt und über beide Bänder B_3 und B_4 nach dem Drehtisch wieder verlassen hat, muss zwischendurch auch auf Band B_2 gewesen sein. In obigem Quelltext ist diese Teilformel als entfernte Proposition z2q enthalten. Dazu wird im Quelltext zufuhr2.nxc der öffentliche Monitor z2q deklariert.

```
//= AGENT zufuhr2
//= PROPOSITION s1 DEFINE (Sensor(S1) >= STONE)
//= PROPOSITION a1 EXTERNAL ausgabe
//= PROPOSITION z1 EXTERNAL zufuhr1
//= PUBLIC MONITOR z2q PTLTL = (a1 -> !(!s1 S z1)) S z1
//= EVENT z2q CHANGE a1
//= EVENT z2q CHANGE s1
//= EVENT z2q CHANGE z1
```

Dabei wird die öffentliche Proposition a1 auf Agent A_1 wie üblich an Sensor 1 und z1 auf Agent Z_1 auf Sensor 1 gebunden.

Die Teilformel ψ_3 kann dabei auch durch folgende semantisch äquivalente Variante ausgedrückt werden, bei der der negierte Since-Operator durch den Trigger-Operator ersetzt wird.

$$\psi_3 \equiv \psi_3' = @_{Z_2}^{\text{ptLTL}} \left(\left(@_A^{\text{ptLTL}} s_1 \rightarrow (s_1 \, \mathcal{T} \, \neg \, @_{Z_1}^{\text{ptLTL}} s_1) \right) \mathcal{S} \, @_{Z_1}^{\text{ptLTL}} s_1 \right)$$

Beispiel 4.4 (Keine Station wird zu früh aktiviert). Die folgende Eigenschaft beschreibt eine Reihe von Bedingungen, die gelten müssen, wenn irgendwann ein Werkstück am Ende des Ausgabebandes B_4 gesehen wird:

- Es darf erst dann ein Werkstück am hinteren Ende des zweiten Zufuhrbandes B_2 gesehen werden, wenn bereits ein Werkstück am Anfang der ersten Zufuhrbandes B_1 gesehen wurde.

$$\psi_{4,1} = @_{Z_2}^{\text{fDTL}} \left(\neg \, s_1 \, \mathcal{U} \, @_{Z_1}^{\text{ptLTL}} s_1 \right)$$

Dazu wird im Quelltext zufuhr2.nxc von Agent Z_2 der Monitor z2m deklariert.

```
//= AGENT zufuhr2
//= PROPOSITION s1 DEFINE (Sensor(S1) >= STONE)
//= PROPOSITION z1 EXTERNAL zufuhr1
//= PUBLIC MONITOR z2m FDTL = !s1 U z1
//= EVENT z2m CHANGE s1
//= EVENT z2m CHANGE z1
```

Dabei ist die öffentliche Proposition z1 auf Z_1 wie immer an Sensor 1 gebunden.

- Der Motor A zum Drehen des Drehtisches darf nicht aktiviert werden, solange kein Werkstück am Ende des Zufuhrbandes B_2 gesehen wurde.

$$\psi_{4,2} = @_T^{\text{fDTL}} \left(\neg \, m_A \, \mathcal{U} \, @_{Z_2}^{\text{ptLTL}} s_1 \right)$$

Dazu wird im Quelltext tisch.nxc von Agent T der Monitor tm deklariert.

```
//= AGENT tisch
//= PROPOSITION ma
//= PROPOSITION z2 EXTERNAL zufuhr2
//= PUBLIC MONITOR tm FDTL = !mb U z2 CALL blink
//= EVENT tm CHANGE ma
//= EVENT tm CHANGE z2
```

Dabei ist die öffentliche Proposition z2 auf Z_2 wie immer an Sensor 1 gebunden und die Proposition ma wird manuell aktiviert, wenn Motor A aktiviert wird.

- Am Anfang des Ausgabebandes B_3 darf kein Werkstück gesehen werden, bevor nicht der Motor B zum Kippen des Drehtisches aktiviert wurde.

$$\psi_{4,3} = \left(\neg s_1 \, \mathcal{U} \, @_T^{\mathrm{ptLTL}} m_B \right)$$

Diese Eigenschaft wird zusammen mit der folgenden als Teil der Hauptformel im Quelltext `ausgabe.nxc` deklariert.

- Am Ende des Ausgabebandes B_4 darf kein Werkstück gesehen werden, bevor nicht am Anfang des Ausgabebandes B_3 ein Werkstück gesehen wurde.

$$\psi_{4,4} = \left(\neg s_2 \, \mathcal{U} \, s_1 \right)$$

Insgesamt erhalten wir damit die Formel

$$\varphi_4 = @_A^{\mathrm{fDTL}} \left(\Diamond s_2 \to \bigwedge_{i=1}^{4} \psi_{4,i} \right).$$

Da in dieser Formel im wesentlichen auf dem Until-Operator basierende Teilformeln verundet werden, kann auch diese Formel bereits durch ein Präfix erfüllt oder widerlegt werden.

Im Quelltext `ausgabe.nxc` des Agenten A wird der Monitor `dd` wie folgt deklariert.

```
//= AGENT ausgabe
//= PROPOSITION z2m EXTERNAL zufuhr2
//= PROPOSITION tm EXTERNAL tisch
//= PROPOSITION s1 DEFINE (Sensor(S1) >= STONE)
//= PROPOSITION tb EXTERNAL tisch
//= PROPOSITION s2 DEFINE (Sensor(S2) >= STONE)
//= MONITOR dd FDTL = (F s2) -> (z2m && tm && ↲
     (!s1 U tb) && (!s2 U s1)) CALL blink
//= EVENT dd CHANGE s2
//= EVENT dd CHANGE z2m
//= EVENT dd CHANGE tm
//= EVENT dd CHANGE s1
//= EVENT dd CHANGE tb
```

Dabei sind `z2m` und `tm` die beiden zuvor in diesem Beispiel deklarierten öffentlichen Monitore und `tb` ist auf Agent T an Motor B gebunden.

Beispiel 4.5 (Kombination von Einzelergebnissen). Durch die Verwendung von entfernten fDTL-Formeln können sehr leicht die Ausgaben mehrere Monitore durch einen weiteren Monitor überwacht werden. Die Formel φ_5 wird erfüllt, sobald eine der Formeln aus den vorherigen Beispielen erfüllt ist. Dabei ist allerdings zu beachten, dass die Formeln φ_1 und φ_3 nicht durch ein Präfix erfüllt werden können, der entsprechende Monitor also immer nur $\bot$ oder ? ausgeben wird. Die Formel φ_5 wird verletzt wenn alle Formeln aus den vorherigen Beispielen verletzt werden, was möglich ist.

$$\varphi_5 = @_T^{\text{fDTL}} \left(\bigvee_{i=1}^{4} \varphi_i \right)$$

Unter Verwendung aller bisher vorgestellten Implementierungen kann dieser Monitor mm wie folgt im Quelltext tisch.nxc des Agenten T deklariert werden.

```
//= AGENT tisch
//= PROPOSITION aa EXTERNAL zufuhr1
//= PROPOSITION bb EXTERNAL ausgbe
//= PROPOSITION cc EXTERNAL ausgbe
//= PROPOSITION dd EXTERNAL ausgbe
//= MONITOR mm FDTL = aa || bb || cc || dd
//= EVENT mm CHANGE aa
//= EVENT mm CHANGE bb
//= EVENT mm CHANGE cc
//= EVENT mm CHANGE dd
```

4.6.2 Ampelanlage

Neben der Taktstraße aus dem letzten Abschnitt wurde im Rahmen dieser Arbeit ein weiteres asynchrones verteiltes System aufgebaut, um den Einsatz von Monitoren zur Laufzeitverifikation auf diesem System zu demonstrieren. Abbildung 4.11 auf der nächsten Seite zeigt, wie durch den Anschluss von drei farbigen Lampen mit einem NXT-Agenten eine Ampel simuliert werden kann.

Eine Ampel kann sich dabei wie in Abbildung 4.12 auf der nächsten Seite gezeigt in einem der sechs Zustände blinkend, gelb blinkend, rot, rotgelb, grün oder gelb befinden. Der NXC-Quelltext der Ampelsteuerung ist unter-

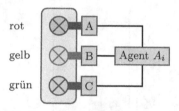

Abb. 4.11 Anschluss der Lichter einer Ampel an die Ausgänge eines NXT-Agenten

teilt in die eigentliche Steuerung und die Darstellung des aktuellen Zustands. Die Steuerung bestimmt je nach Ampel abhängig von Nachrichten, Timern oder externen Eingaben durch Tastern den aktuellen Zustand der Ampel und die Darstellung des Zustandes ist für alle Ampeln in eine gemeinsam genutzte Header-Datei ausgelagert.

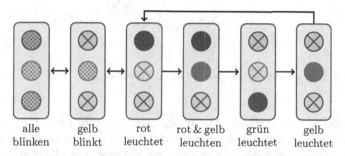

| alle | gelb | rot | rot & gelb | grün | gelb |
| blinken | blinkt | leuchtet | leuchten | leuchtet | leuchtet |

Abb. 4.12 Zustände und mögliche Folgezustände einer Ampel

Für die gesamte Ampelanlage wurden vier NXT-Agenten verwendet, die wie in Abbildung 4.13 auf der nächsten Seite gezeigt auf einer Kreuzung angeordnet sind. Die Ampeln A_1 und A_2 sowie A_3 und A_4 sollten also jeweils das gleiche Signal zeigen. Bei der Änderung ihres Zustandes sendet jede Ampel ihren Zustand an alle anderen Ampeln. Auf diese Weise übernehmen die Ampeln A_2 und A_4 jeweils den Zustand von A_1 bzw. A_3 und die Ampeln A_1 und A_3 entscheiden so, ob sie in die Grünphase übergehen können. Schließlich kann die gesamte Anlage durch einen Taster an Ampel A_1 abgeschaltet, also in einen der beiden blinkenden Zustände versetzt werden.

Beispiel 4.6 (Auf rotgelb folgt grün). In diesem Beispiel wollen wir sicherstellen, dass auf das rotgelbe Signal stets das grüne Signal folgt. Diese Regel

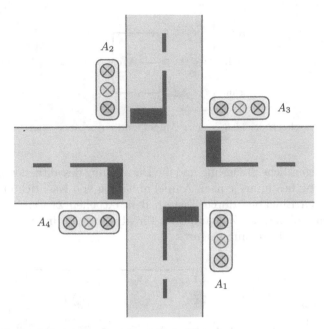

Abb. 4.13 Ausrichtung der Ampeln an einer Kreuzung

muss insbesondere auch auf Ampel A_4 gelten obwohl diese nur den aktuellen Zustand von Ampel A_3 übernimmt. Im Gegensatz zu den Beispielen der Taktstraße verwenden wir dazu einen Monitor, der alle 250 ms in den nächsten Zustand wechselt. Es ist daher auch erlaubt, dass im folgenden Zustand das gleiche Signal wie im aktuellen Zustand angezeigt wird.

$$\varphi_{11} = @_{A_4}^{\text{fDTL}} \left(\Box((r \wedge y) \rightarrow \bigcirc((r \wedge b) \vee g)) \right)$$

Abbildung 4.11 auf der vorherigen Seite zeigt, dass dabei an Ausgang A das rote Licht, an Ausgang B das gelbe Licht und an Ausgang C das grüne Licht angeschlossen ist, sodass das rotgelbe Signal durch eine Aktivierung von Ausgang A und B gekennzeichnet ist. Zur einfacheren Zuordnung sind die Propositionen nach den Farben r (red), y (yellow) und g (green) benannt. Dazu wird zunächst im Quelltext `lights.h` der gemeinsam genutzten Bibliothek zur Ansteuerung der Lampen die folgende Deklaration der Propositionen hinzugefügt.

```
//= PROPOSITION r ON /OnFwd\(OUT_A, 100\);/
```

```
OFF /Off\(OUT_A\);/
//= PROPOSITION y ON /OnFwd\(OUT_B, 100\);/ ?
OFF /Off\(OUT_B\);/
//= PROPOSITION g ON /OnFwd\(OUT_C, 100\);/ ?
OFF /Off\(OUT_C\);/
```

Nun wird im Quelltext a4.nxc des Agenten A_4 die folgende Monitorannotation ergänzt.

```
//= MONITOR m FDTL = G((r && y) -> X((r && y) || g))
//= EVENT m TIME 250ms
```

Beispiel 4.7 (Es ist nie länger als 1 s gelb). Um zu überprüfen, dass nie länger als 1 s lang das gelbe Signal angezeigt wird, verwenden wir erneut einen Monitor, der zu einer festen Zeit in den nächsten Zustand wechselt. Die verlangte Eigenschaft kann ausgedrückt werden, indem der Monitor jede Sekunde in den nächsten Zustand übergeht und dabei überprüft, ob auf das gelbe Signal immer das rote folgt. Um das gelbe Signal vom gelbroten zu unterscheiden, wird dabei gleichzeitig $\neg r$ verlangt. Die Propositionen sind wie im vorherigen Beispiel nach den Farben benannt.

$$\varphi_{12} = @_{A_4}^{\text{fDTL}} \left(\Box((y \wedge \neg r) \to \bigcirc r) \right)$$

Genau wie im vorherigen Beispiel wird durch diese Prüfung durchaus eine Eigenschaft des verteilten Systems überprüft, auch wenn keine entfernten Teilformeln in der Formel enthalten sind. Da diese Formel auf Ampel A_4 ausgewertet wird, die immer den aktuellen Zustand von Ampel A_3 übernimmt, kann mit dieser Formel überprüft werden, dass sich die Kommunikation zwischen den Agenten den Zustandswechsel nicht zu stark verzögert.

Dazu wird im Quelltext a4.nxc des Agenten A_4 die folgenden Monitorannotation ergänzt.

```
//= MONITOR m2 FDTL = G((y && !r) -> Xr)
//= EVENT m2 TIME 1000ms
```

Beispiel 4.8 (Es wird nicht fälschlicherweise grün). Wir wollen nun prüfen, dass die Ampel A_4 nur dann das grüne Signal zeigt, wenn die Ampel A_3 ebenfalls grün oder bereits gelb ist. Da wir hier den Zustand des Monitors wieder wechseln wollen, sobald sich der Wert einer der verwendeten Propositionen ändert, muss auch das gelbe Signal von A_3 erlaubt werden, da bei einem Wechsel von grün auf gelb an Ampel A_3 erst der Monitor und erst anschließend der Benutzerquelltext auf Ampel A_4 informiert wird.

$$\varphi_{13} = @_{A_4}^{\text{fDTL}} \left(\Box \left(g \to @_{A_3}^{\text{ptLTL}} (g \lor y) \right) \right)$$

Auch hier sind die Propositionen wieder nach den Farben benannt. Für diese Formel werden im Quelltext a4.nxc des Agenten A_4 die folgenden Monitorannotation ergänzt.

```
//= PROPOSITION a3r EXTERNAL r @ a3
//= PROPOSITION a3y EXTERNAL y @ a3
//= PROPOSITION a3g EXTERNAL g @ a3
//= MONITOR eq FDTL = G(g -> a3g || a3y) CALL blink4
//= EVENT eq CHANGE g
//= EVENT eq CHANGE a3g
//= EVENT eq CHANGE a3y
```

Um die entfernten Propositionen von den lokalen unterschieden zu können, wird den entfernten der Name des Agenten in Kleinbuchstaben vorangestellt. In der Deklaration wird dann das @ verwendet, damit die Propositionen lokal mit diesem neuen Namen verwendet werden können, auch wenn sie auf dem entfernten Agenten anders heißen. Für die Definition der entfernten Proposition müssen die Deklarationen der Propositionen im Quelltext lights.h der gemeinsamen genutzten Ansteuerung der Lampen durch das Schlüsselwort *PUBLIC* als öffentlich deklariert werden.

4.7 Benchmark-Tests

Um den Overhead durch das Monitoring besser einschätzen zu können, wurden im Rahmen dieser Arbeit einige Benchmark-Tests durchgeführt. Der Overhead setzt sich dabei zusammen aus der Rechenzeit, die zur Berechnung der Schritte der Monitore benötigt wird, und der Rechenzeit zum Generieren, Parsen und Übertragen des Knowledge-Vektors mit den versandten Nachrichten. Da grundsätzlich keine Nachrichten nur für das Monitoring versandt werden, sondern ausschließlich die bereits durch das System versendeten Nachrichten erweitert werden, kann diese zweite Komponente für eine kleine Anzahl öffentlicher Monitore vernachlässigt werden.

Der folgende Aufbau wurde in den Tests verwendet: Der Agent main sendet eine Nachricht ping und wartet dann auf eine Nachricht pong von Agent remote. Nach 100 Iterationen beendet sich der Agent main und schreibt die zwischen dem ersten ping und dem letzten pong vergangene Zeit in eine Datei auf dem NXT. Aus dieser Zeit kann die mittlere Umlaufzeit einer Nachricht bestimmt werden. Der Agent `remote` beendet sich ebenfalls, nachdem er 100 Nachrichten `ping` jeweils mit einem `pong` beantwortet hat. Auf diesem System wurden Formeln der folgenden Art für das Monitoring verwendet.

$$@^{x}_{\texttt{main}}(\varphi_0 \, \mathcal{U}(\varphi_1 \, \mathcal{U}(\ldots \mathcal{U}(\varphi_{i-1} \, \mathcal{U} \, \varphi_i)))),$$

wobei es sich bei φ_0 bis φ_i wiederum um Formeln der Art

$$@^{y}_{\texttt{remote}}(p_0 \, \mathcal{U}(p_1 \, \mathcal{U}(\ldots \mathcal{U}(p_{m-1} \, \mathcal{U} \, p_m))))$$

handelt. Dabei können die Semantiken x und y der Formeln auf dem Agenten `main` bzw. `remote`, die Gesamtgröße n der Formeln auf dem Agenten `main`, die maximale Anzahl i entfernter Propositionen in einer Formel auf dem Agenten `main` und die Größe m der entfernten Teilformeln variiert werden. Bei der schrittweisen Erhöhung von n wird dabei auf dem Agenten `main` alle i entfernten Propositionen eine neue Formel begonnen. Dieses Vorgehen generiert Formeln variabler Größe, die annähernd praxisnah aufgebaut sind. Auf den Monitoren wird durch entsprechende Annotationen jeweils vor dem Senden der Nachricht genau ein Schritt ausgeführt. Die atomaren Propositionen auf Agent `remote` wechseln ihren Wert mit jedem Schritt, sodass sich die Ausgabe der entfernten Monitore möglichst oft ändert und entsprechend die Berechnung des nächsten Schrittes der Monitore auf Agent `main` möglichst aufwändig ist. Die Umlaufzeit enthält also die Berechnung genau eines Schritts für jeden beteiligten Monitor und das Anhängen beim Senden und Parsen beim Empfangen des Knowledge-Vektors an die eigentliche Nachricht, wobei dieser stets die Ausgaben aller öffentlichen Monitore auf Agent `remote` enthält.

Während in diesen Benchmarks nur der Overhead zur Laufzeit auf den NXTs betrachtet wird, muss demgegenüber bei der Monitorgenerierung beachtet werden, dass insbesondere die Ausführung der LTL$_3$-Konstruktion viel Platz und Zeit benötigt. Bei Verwendung von $x = y = $ fDTL für die Formeln auf beiden Agenten ist eine Generierung der Monitore für $i \leq 4$ auf einem Intel Core i7 mit 3 GHz in realistischer Zeit im Bereich von einigen Minuten möglich. Bei Verwendung von $x = $ fDTL auf Agent `main` und $y = $ ptLTL auf Agent `remote` ist $i \leq 10$ möglich und bei Verwendung von $x = y = $ ptLTL sind hier keine Grenzen in der Generierung gesetzt.

Auf dem Agenten `main` wird in etwa folgender NXC-Quelltext verwendet:

```
//= AGENT main
#include "main_rv.nxc"
```

```
task main() {
  int count = 0;
  while (count < 100) {
    message_send("ping");
    until (message_receive() == "pong");
    count++;
  }
}
```

Der zugehörige Quelltext für den Agenten remote antwortet mit folgendem NXC-Quellcode auf die Nachrichten ping.

```
int count = 0;
//= AGENT remote
#include "remote_rv.nxc"

task main() {
  count = 0;
  while (count < 100) {
    until (message_receive() == "ping");
    count++;
    message_send("pong");
  }
}
```

Die eigentlichen Monitorannotationen werden jeweils aus main_rv.nxc bzw. remote_rv.nxc inkludiert, da diese Dateien vollständig von einem Skript erzeugt werden, um die oben beschriebenen Parameter automatisch variieren zu können. Für feste Logiken x und y und feste Parameter i und m wird der Wert von n automatisch von 0 bis 15 hochgezählt. Für jeden Wert für n werden dann die beiden Dateien mit den Annotationen generiert, der NXC-Quelltext wird mit dem NXC-Compiler übersetzt und direkt auf die per USB angeschlossenen NXTs übertragen und gestartet. Am Ende des eigentlichen Testfalls enthält der Quelltext des Agenten main weitere hier nicht dargestellte Anweisungen, um die gemessene Zeit in eine Datei auf dem NXT zu schreiben. Das Script wartet nach dem Starten des Testfalls eine angemessene Zeit, sodass der Testfall sicher abgeschlossen ist und fährt anschließend automatisch mit dem nächsten Wert für n fort. Auf diese Weise kann eine Serie von 16 Messewerten automatisch aufgenommen werden.

Bei Verwendung von $x =$ fDTL als Semantik der Formeln auf dem Agenten main, $y =$ ptLTL als Semantik der Formeln auf dem Agenten remote,

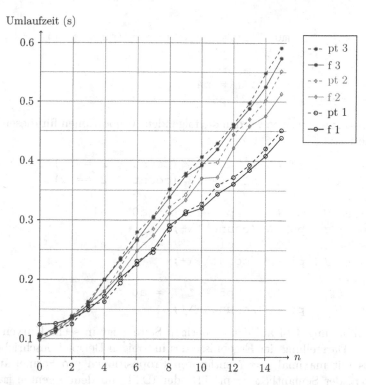

Umlaufzeit (s)

Abb. 4.14 Durchschnittliche Umlaufzeit einer Nachricht von Agent main zu Agent remote und zurück. Auf Agent main wird ein Monitor mit Semantik $x = $ fDTL (f) oder $x = $ ptLTL (pt) verwendet, der sich über entfernte Propositionen auf n öffentliche Monitore mit Semantik $y = $ ptLTL auf Agent remote bezieht. Diese Monitore verwenden $m = 1, 2$ oder 3 atomare Propositionen, die in jedem Durchgang ihren Wert wechseln.

$m = 2$ atomaren Propositionen pro Formel auf dem Agenten remote, einer maximalen Größe von $i = 4$ entfernten Propositionen pro Formel auf dem Agenten main und $n = 6$ Formeln auf dem Agenten remote und damit entfernten Propositionen auf dem Agenten main werden die folgenden Annotationen in main_rv.nxc für den Testlauf generiert.

```
//= PROPOSITION p0 EXTERNAL remote
//= PROPOSITION p1 EXTERNAL remote
//...
//= PROPOSITION p5 EXTERNAL remote
```

```
//= MONITOR m0 FDTL = p0 U (p1 U (p2 U p3))
//= EVENT m0 CHANGE p5

//= MONITOR m1 FDTL = p4 U p5
//= EVENT m1 CHANGE p5
```

In `remote_rv.nxc` werden die folgenden Annotationen für diesen Testlauf generiert:

```
//= PROPOSITION a0 DEFINE (count % 2 == 0)
//= PROPOSITION a1 DEFINE (count % 2 == 0)

//= PUBLIC MONITOR p0 PTLTL = a0 S a1
//= EVENT p0 ON /count\+\+;/
//= PUBLIC MONITOR p1 PTLTL = a0 S a1
//= EVENT p1 ON /count\+\+;/
//...
//= PUBLIC MONITOR p5 PTLTL = a0 S a1
//= EVENT p5 ON /count\+\+;/
```

Abbildung 4.14 auf der vorherigen Seite zeigt in sechs Kurven die grafische Darstellung der Ergebnisse des im obigen Beispiel beschriebenen Setups mit maximal $i = 7$ entfernten Propositionen pro Formel auf Agent main, der Semantik $x = $ ptLTL oder fDTL auf dem Agenten main, der Semantik $y = $ ptLTL auf dem Agenten remote, $m = 1, 2$ oder 3 atomaren Propositionen pro entfernter Formel und $n = 1, 2$ bis 15 entfernten Teilformeln insgesamt. Man erkennt, dass fDTL auf lange Sicht immer mindestens genauso schnell ist wie ptLTL. Gleichzeitig ist der Overhead durch das Monitoring für größere Formeln mit $n > 5$ in diesem System nicht zu vernachlässigen, da sich die hier betrachtete Umlaufzeit bereits verdoppelt gegenüber dem System ohne Monitoring. Dabei muss man aber beachten, dass in realistischen Systemen nicht permanent, sondern nur zu Ereignissen Informationen übertragen werden, sodass dieser Overhead bezogen auf die gesamte Rechenzeit des Systems natürlich deutlich geringer ist.

Abbildung 4.15 auf der nächsten Seite zeigt in drei Kurven die grafische Darstellung der Ergebnisse einiger Testläufe mit leicht anderen Parametern. Statt $i = 7$ als maximale Anzahl Propositionen pro Formel auf Agent main wird $i = 4$ verwendet, sodass hier ebenfalls die Variante untersucht werden kann, bei der als Logik x für die Formeln auf Agent main *und* als Logik y für die Formeln auf Agent remote fDTL verwendet wird. Diese Variante

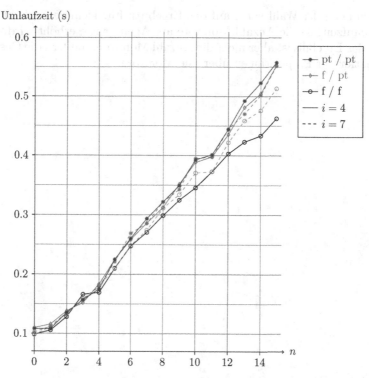

Abb. 4.15 Durchschnittliche Umlaufzeit einer Nachricht bei Verwendung von fDTL auf beiden Agenten. Auf den Agenten `main` / `remote` wird ein Monitor mit Semantik fDTL (f) oder ptLTL (pt) verwendet. n ist wie in Abbildung 4.14 auf Seite 149 die Anzahl öffentlicher Monitore auf Agent `remote` mit $m = 2$ atomaren Propositionen. $i = 4$ bzw. 7 ist die maximale Anzahl Propositionen pro Formel auf Agent `main`. Bei Verwendung von fDTL als Semantik auf beiden Agenten (f / f) fehlt die Kurve für $i = 7$, da für fDTL eine Monitorgenerierung in sinnvoller Zeit nur für maximal vier dreiwertige Propositionen funktioniert.

kann allerdings nur bedingt mit den anderen beiden verglichen werden, da ein Monitor mit fDTL-Semantik ein endgültiges Ergebnis nicht mehr verändert, sodass die öffentlichen Monitore auf Agent `remote` in dieser Variante ihre Ausgabe nur einmal statt 100 mal über den Zeitraum von 100 Nachrichten ändern. Um die Grafik übersichtlich zu halten, wurde nur mit $m = 2$ Propositionen pro Monitor auf Agent `remote` gearbeitet. Die beiden entsprechenden Kurven aus Abbildung 4.14 auf Seite 149 werden in Abbildung 4.15 zum Vergleich gestrichelt dargestellt. Man erkennt die geringen Auswirkungen der Wahl von i auf das Ergebnis: Für kleinere i erhöht sich die Umlaufzeit, da die Anzahl Monitore auf Agent `main` erhöht wird. Wichtig für das Ergebnis ist aber nicht die Anzahl Monitore, sondern die Gesamtzahl n entfernter Propositionen über alle Monitore.

5 Zusammenfassung und Ausblick

In dieser Arbeit wurden Logiken und Monitore für die Laufzeitverifikation von verteilten asynchronen Systemen entwickelt, untersucht und implementiert. Die neu entwickelte verteilte Temporallogik DTL erweitert vorhandene Logiken um den @-Operator, der angibt, dass Teilformeln auf entfernten Agenten ausgewertet werden. In DTL können dazu durch die entwickelte Projektion bestehende lokale Temporallogiken weiterverwendet werden. Die aktuelle Ausgabe von entfernten Teilformeln wird dabei als Belegung für eine entsprechende Proposition verwendet. So kann zum Beispiel die ptLTL-Semantik mit temporalen Vergangenheitsoperatoren direkt in DTL verwendet werden, sodass sich die Semantik von ptDTL aus [38] ergibt.

Auf diese Weise können allerdings nur Safety-Eigenschaften überprüft werden. Um die Menge der monitorbaren Eigenschaften zu vergrößern, sodass die ganze Klasse Obligation und Teile von Response und Persistence abgedeckt werden, müssen zusätzlich dreiwertige Semantiken eingesetzt werden. Während LTL_3 direkt als Semantik für die Hauptformel verwendet werden kann, wenn diese mit zweiwertigen entfernten Teilformeln kombiniert werden, muss die Semantik für dreiwertige entfernte Teilformeln erweitert werden. Aus diesem Grund ergänzt fDTL das Konzept von LTL_3 um dreiwertige Propositionen. In fSDTL werden darüber hinaus Synchronisationsereignisse hinzugefügt, die die Auswertung der entfernten Teilformeln mit der Auswertung der Teilformeln synchronisieren. Damit kann eine LTL_3-Formel so auf mehrere Agenten verteilt werden, dass die intuitive Aussage der Formel erhalten bleibt.

Die Modularität der DTL-Semantik spiegelt sich auch in ihrer Monitorkonstruktion wieder, da in den lokalen Monitoren die Ausgaben der anderen Monitore als Propositionen verwendet werden. Wie in [38] werden die benötigten Monitorausgaben dazu in einem Knowledge-Vektor gespeichert. Dieser wird mit jeder Nachricht, die im System verschickt wird, übertragen, sodass eine möglichst gute und aktuelle Approximation des globalen Systemzustands kontinuierlich allen Agenten zur Verfügung steht.

Die bekannten Generierungen für ptLTL- und LTL$_3$-Monitore können in der DTL-Monitorkonstruktion direkt übernommen werden. Für fDTL hingegen wurde basierend auf der LTL$_3$-Konstruktion ein neues Automatenmodell entwickelt, dass die dreiwertigen Propositionen aus der Semantik verarbeiten kann. Schließlich wurde für fSDTL eine approximative Monitorkonstruktion vorgeschlagen, die auf alternierenden endlichen Automaten basiert. Anhand von LTL$_3$ konnte gezeigt werden, dass die Approximationsgüte bezüglich unvoreingenommener Antizipation zwischen einem FLTL$_3$- und einem LTL$_3$-Monitor liegt. Im Gegensatz zum in [36] entwickelten Automatenmodell für fSDTL kann diese Konstruktion praktisch implementiert werden, da der unendlich große Zustandsraum nicht explizit konstruiert wird. Die DTL-Monitorkonstruktion bietet damit die Möglichkeit, alle Vorteile der LTL$_3$-Konstruktion in der Laufzeitverifikation verteilter asynchroner Systeme zu verwenden.

Im zweiten Teil dieser Arbeit wurde die entwickelte Implementierung der DTL-Monitorkonstruktion für das eingebettete System LEGO Mindstorms beschrieben. Diese in Scala geschriebene Software kann

- LTL-Formeln aus Annotation im C-Code einlesen,
- Monitore mit der ptLTL-, der LTL$_3$- und der fDTL-Konstruktion erzeugen,
- C-Code für diese drei Monitortypen generieren,
- Propositionen und Ereignisse zum Weiterschalten der Monitore aus Annotationen im C-Code einlesen und entsprechenden C-Code generieren,
- C-Code für die Aktualisierung des Knowledge-Vektors generieren und
- realisiert damit verteilte Laufzeitverifikation mit DTL auf LEGO Mindstorms.

Die entwickelte Software kann also sowohl für die Laufzeitverifikation eines einzelnen Agenten mit ptLTL oder LTL$_3$, als auch für die Laufzeitverifikation mehrerer Agenten eines verteilten Systems mit DTL verwendet werden. Die Monitore zur Laufzeitverifikation werden durch Programmtransformation aus den Annotationen in den Kommentaren des C-Codes generiert, sodass das zu untersuchende System leicht mit und ohne Monitoring ausgeführt werden kann.

Wie in zwei Fallstudien gezeigt wurde, kann mit der Implementierung der DTL-Monitorkonstruktion verteilte Laufzeitverifikation auf eingebetteten Systemen effektiv eingesetzt werden. Benchmarks zeigen darüber hinaus, dass durch die dreiwertige Semantik und die damit verbundene Erweiterung der Menge der monitorbaren Eigenschaften der Mehraufwand durch das Monitoring im Gesamtsystem nicht größer ist als beim Einsatz von zweiwertigen ptDTL-Monitoren auf dem gleichen System.

Das entwickelte Verfahren zur verteilten Laufzeitverifikation auf eingebetteten Systemen erlaubt eine unbegrenzte kontinuierliche Beobachtung des Systems, wobei durch das Hinzufügen mehrerer Monitore unterschiedliche Verifikationsaufgaben parallel ausgeführt werden können. Die Ergebnisse der Verifikation sind direkt verfügbar und entsprechend kann während der Ausführung des Systems in Callback-Funktionen auf diese reagiert werden. Diese Technik kann bereits jetzt zu einer Art Monitor Oriented Programming (MOP) (vgl. [27, 7]) verwendet werden. Um dieses Prinzip für Runtime Reflection (vgl. [23, Abschnitt 5.2. Approaches to react at runtime]) zu verwenden, wäre als nächster Schritt insbesondere ein Zurücksetzen der Monitore auf einen definierten Zustand notwendig. Dabei ist in einem verteilten System zu beachten, dass dadurch die Verteilung der Informationen über den Knowledge-Vektor beeinflusst wird. Andere Agenten enthalten nach dem Zurücksetzen eines lokalen Monitors unter Umständen noch ältere Versionen der Ausgabe dieses Monitors. Wie ein dezentrales Monitoring dieser Art vollständig zurückgesetzt werden kann, ist ebenfalls eine offene Frage.

Die Semantik von DTL erlaubt es problemlos, statt LTL_3 andere kompatible Semantiken zu verwenden. Da die verwendete Bibliothek für die LTL_3-Konstruktion auch RLTL (vgl. [22, 34, 35]) und damit insbesondere auch $RLTL_3$ unterstützt, bietet es sich an, die Software auf diese Logik zu erweitern. Auch wenn sich das Prinzip übernehmen lässt, muss dabei natürlich zunächst untersucht werden, wie fDTL auf $RLTL_3$ erweitert werden kann. Darüber hinaus könnten entfernte Werte in DTL und insbesondere in der DTL-Monitorkonstruktion ergänzt werden. Dazu enthält der Knowledge-Vektor neben logischen Werten auch Informationen anderer Datentypen, um basierend auf Werten von Variablen auf unterschiedlichen Agenten Belegungen für Propositionen berechnen zu können, wie dies in [38] vorgeschlagen wird.

Zusammen mit der fDTL-Monitorgenerierung wurde auch die Monitorgenerierung für fSDTL betrachtet. Diese wurde allerdings nicht implementiert, da hierzu zunächst weitere Vorüberlegungen notwendig sind. Der vorgeschlagene Monitor benötigt eine Repräsentation von positiven booleschen Formeln, die mit jedem Schritt des Monitors wieder minimiert bzw. in disjunktive Normalform gebracht werden müssen. Eine Umsetzung dieses Prinzips in C-Code ist deutlich aufwändiger als die implementierten Monitore, bei denen Zustandsübergänge basierend auf booleschen Formeln ausgerechnet werden. Alternativ könnte man auch zunächst auf theoretischer Ebene weiter analysieren, wie diese Minimierung im Automatenmodell vorweggenommen werden kann. Das Ergebnis könnte eine Maschine sei, die sich die aktuelle Formel in einer Mischung aus Zählern und dem aktuellen Zustand merkt. Dabei muss allerdings berücksichtigt werden, dass diese Formeln prinzipiell unendlich groß werden können, da mit jedem neuen Schritt ein weiteres Element hinzukommen kann, wenn für eine entfernte Proposition nie ein endgültiger Wert gelesen wird.

Neben möglichen Erweiterungen der Logik kann auch die Zustandsgenerierung noch erweitert werden. So basiert die Generierung von Ereignissen aus Annotationen im C-Quelltext im Moment nur auf regulären Ausdrücken. Dabei tritt das Ereignis immer *nach* dem Vorkommen des regulären Ausdrucks ein. Diese Technik ist zwar sehr mächtig, es ist damit aber zum Beispiel nicht möglich, Ereignisse anhand des Kontextes zu definieren oder Funktionsaufrufe so zu verfolgen, dass vor und nach dem Aufruf ein Ereignis auftritt.

Betrachtet man die Implementierung der LTL_3- bzw. fDTL-Monitorkonstruktion, so bieten sich hier verschiedene Möglichkeiten der Performance-Optimierung. So wurde bereits in Unterabschnitt 4.5.6 auf Seite 133 angedeutet, dass das Caching mit db4o verbessert werden könnte, wenn man berücksichtigt, dass für kongruente Formeln der gleiche Monitor verwendet werden kann, wenn man das Alphabet entsprechend transformiert. In der eigentlichen Konstruktion kann vermutlich ebenfalls viel Zeit eingespart werden, wenn das exponentiell große Alphabet, das auf den Propositionen basiert, nicht mehr explizit konstruiert wird. Zur Zeit wird dies für die weitere Umformung der Automaten benötigt und erst ganz am Ende der Konstruktion wird durch die ebenfalls sehr zeitintensive Minimierung der booleschen Formeln an den Transitionen von festen Zeichen des Alphabets wieder auf die Ebene der Propositionen gewechselt. Um hier durchgehend Propositionen verwenden zu können, müssen diese allerdings insbesondere bei den Umwandlungen der Automaten und der Minimierung der Büchi-Automaten und der Moore-Maschine berücksichtigt werden.

Literaturverzeichnis

1. Alpern, B., Schneider, F.B.: Defining Liveness. Information Processing Letters **21**(4), 181–185 (1985)
2. Bauer, A., Leucker, M., Schallhart, C.: Runtime Verification for LTL and TLTL. ACM Transactions on Software Engineering and Methodology **20**(4), 14:1–14:64 (2011)
3. Bauer, A.K., Falcone, Y.: Decentralised LTL Monitoring. In: D. Giannakopoulou, D. Méry (Hg.) Formal Methods – 18th International Symposium (FM), *Lecture Notes in Computer Science*, Bd. 7436, S. 85–100. Springer (2012)
4. Büchi, J.R.: On a Decision Method in Restricted Second Order Arithmetic. In: Logic, Methodology and Philosophy of Science: Proceedings of the 1960 International Congress, S. 1–11. Stanford University Press (1962)
5. Chandy, K.M., Lamport, L.: Distributed Snapshots: Determining Global States of Distributed Systems. ACM Transactions on Computer Systems **3**(1), 63–75 (1985)
6. Chang, E.Y., Manna, Z., Pnueli, A.: Characterization of Temporal Property Classes. In: W. Kuich (Hg.) Automata, Languages and Programming, 19th International Colloquium (ICALP), *Lecture Notes in Computer Science*, Bd. 623, S. 474–486. Springer (1992)
7. Chen, F., Roşu, G.: MOP: An Efficient and Generic Runtime Verification Framework. In: R.P. Gabriel, D.F. Bacon, C.V. Lopes, G.L.S. Jr. (Hg.) Proceedings of the 22nd Annual ACM SIGPLAN Conference on Object-Oriented Programming, Systems, Languages, and Applications (OOPSLA), S. 569–588. ACM (2007)
8. Chiba, S.: Program Transformation with Reflection and Aspect-Oriented Programming. In: R. Lämmel, J. Saraiva, J. Visser (Hg.) Generative and Transformational Techniques in Software Engineering, *Lecture Notes in Computer Science*, Bd. 4143, S. 65–94. Springer Berlin Heidelberg (2006)
9. Coudert, O.: Two-level logic minimization: an overview. Integration, the VLSI Journal **17**(2), 97–140 (1994)
10. Coulouris, G., Dollimore, J., Kindberg, T., Blair, G.: Distributed Systems: Concepts and Design, fifth Aufl. Addison-Wesley (2012)
11. Diekert, V., Gastin, P.: First-order definable languages. In: J. Flum, E. Grädel, T. Wilke (Hg.) Logic and Automata: History and Perspectives [in Honor of

Wolfgang Thomas], *Texts in Logic and Games*, Bd. 2, S. 261–306. Amsterdam University Press (2008)

12. Falcone, Y., Fernandez, J.C., Mounier, L.: What can You Verify and Enforce at Runtime? International Journal on Software Tools for Technology Transfer (STTT) **14**(3), 349–382 (2012)

13. Fidge, C.J.: Timestamps in Message-Passing Systems That Preserve the Partial Ordering. Australian Computer Science Communications **10**(1), 56–66 (1988)

14. Grätzer, G.: General Lattice Theory, second Aufl. Birkhäuser (1998)

15. Grehan, R.: The Database Behind the Brains: db4o | The Open Source Object Database | Java and .NET. Techn. ber., Versant Corporation (2006)

16. Havelund, K., Rosu, G.: Efficient Monitoring of Safety Properties. International Journal on Software Tools for Technology Transfer (STTT) **6**(2), 158–173 (2004)

17. Heath, S.: Embedded System Designs, second Aufl. Newnes (2003)

18. Hofmann, M., Lange, M.: Automatentheorie und Logik. Springer (2011)

19. Kupferman, O., Vardi, M.Y.: Model checking of safety properties. Formal Methods in System Design **19**(3), 291–314 (2001)

20. Lamport, L.: Time, Clocks, and the Ordering of Events in a Distributed System. Communications of the ACM **21**(7), 558–565 (1978)

21. Leucker, M.: Teaching Runtime Verification. In: Runtime Verification – Second International Conference (RV). Springer (2012)

22. Leucker, M., Sánchez, C.: Regular Linear Temporal Logic. In: C.B. Jones, Z. Liu, J. Woodcock (Hg.) Proceedings of the 4th International Colloquium on Theoretical Aspects of Computing (ICTAC), *Lecture Notes in Computer Science*, Bd. 4711, S. 291–305. Springer (2007)

23. Leucker, M., Schallhart, C.: A Brief Account of Runtime Verification. The Journal of Logic and Algebraic Programming **78**(5), 293–303 (2009)

24. Manna, Z., Pnueli, A.: A Hierarchy of Temporal Properties. In: C. Dwork (Hg.) Proceedings of the Ninth Annual ACM Symposium on Principles of Distributed Computing (PDOC), S. 377–410. ACM (1990)

25. Manna, Z., Pnueli, A.: Temporal Verification of Reactive Systems: Safety. Springer (1995)

26. Mayr, R., Clemente, L.: Advanced Automata Minimization. In: R. Giacobazzi, R. Cousot (Hg.) Proceedings of the Symposium on Principles of Programming Languages (POPL), S. 63–74. Association for Computing Machinery (ACM) (2012)

27. Meredith, P.O., Jin, D., Griffith, D., Chen, F., Roşu, G.: An Overview of the MOP Runtime Verification Framework. International Journal on Software Tools for Technology Transfer (STTT) **14**(3), 249–289 (2012)

28. Moore, E.F.: Gedanken-Experiments on Sequential Machines. In: C. Shannon, J. McCarthy (Hg.) Automata Studies, S. 129–153. Princeton University Press (1956)

29. Odersky, M., Spoon, L., Venners, B.: Programming in Scala: A Comprehensive Step-by-step Guide, first Aufl. Artima Incorporation (2008)

30. Pnueli, A.: The Temporal Logic of Programs. In: 18th Annual Symposium on Foundations of Computer Science (FOCS), S. 46–57. IEEE Computer Society (1977)

31. Rachimow, M.: Evaluierung des Einsatzes von Scala bei der Entwicklung für die Android-Plattform. Diplomarbeit, Fachbereich Informatik und Medien der Technischen Fachhochschule Berlin (2009)

32. Roşu, G.: A Monitor Synthesis Algorithm for Past LTL (2007). Vorlesung am Formal Systems Laboratory, Department of Computer Science at the University of Illinois at Urbana-Champaign

33. Roychoudhury, S., Gray, J., Zhang, J., Bangalore, P., Skjellum, A.: A Program Transformation Technique to Support AOP within C++ Templates. Journal of Object Technology **9**(1), 143–160 (2010)

34. Sánchez, C., Leucker, M.: Regular Linear Temporal Logic with Past. In: G. Barthe, M. Hermenegildo (Hg.) Proceedings of the 11th International Conference on Verification, Model Checking and Abstract Interpretation (VMCAI), *Lecture Notes in Computer Science*, Bd. 5944, S. 295–311. Springer (2010)

35. Sánchez, C., Samborski-Forlese, J.: Efficient Regular Linear Temporal Logic Using Dualization and Stratification. In: B.C. Moszkowski, M. Reynolds, P. Terenziani (Hg.) Proceedings of the 19th International Symposium on Temporal Representation and Reasoning (TIME), S. 13–20. IEEE Computer Society (2012)

36. Scheffel, T.: Logiken für verteilte Laufzeitverifikation. Masterarbeit, Institut für Softwaretechnik und Programmiersprachen (ISP) an der Universität zu Lübeck (2013)

37. Schmitz, M.: Transformation von regulärer Linearzeit-Temporallogik zu Paritätsautomaten. Bachelorarbeit, Institut für Softwaretechnik und Programmiersprachen (ISP) an der Universität zu Lübeck (2012)

38. Sen, K., Vardhan, A., Agha, G., Roşu, G.: Efficient Decentralized Monitoring of Safety in Distributed Systems. In: A. Finkelstein, J. Estublier, D.S. Rosenblum (Hg.) 26th International Conference on Software Engineering (ICSE), S. 418–427. IEEE Computer Society (2004)

39. Sen, K., Vardhan, A., Agha, G., Roşu, G.: Decentralized Runtime Analysis of Multithreaded Applications. In: 20th International Parallel and Distributed Processing Symposium (IPDPS). IEEE Computer Society (2006)

40. Sistla, A.P., Clarke, E.M.: The Complexity of Propositional Linear Temporal Logics. Journal of the ACM **32**(3), 733–749 (1985)

41. Spiewak, D.: The Magic Behind Parser Combinators.
http://www.codecommit.com/blog/scala/the-magic-behind-parser-combinators (2009). [Online; Zugriff am 03.03.2014]

42. Tarski, A.: A Lattice-Theoretical Fixpoint Theorem and its Applications. Pacific Journal of Mathematics **5**(2), 285–309 (1955)

43. Vardi, M.Y.: An Automata-Theoretic Approach to Linear Temporal Logic. In: F. Moller, G.M. Birtwistle (Hg.) Logics for Concurrency – Structure versus Automata (8th Banff Higher Order Workshop, Proceedings, *Lecture Notes in Computer Science*, Bd. 1043, S. 238–266. Springer (1996)

44. Ziegler, S., Müller, A.: Eingebettete Systeme – Ein strategisches Wachstumsfeld für Deutschland: Anwendungsbeispiele, Zahlen und Trends. Techn. ber., Bundesverband Informationswirtschaft, Telekommunikation und neue Medien e.V. (BITKOM) (2010)

A Anhang

Dieser Anhang enthält tiefergehende Informationen über die Klassifikationen temporaler Eigenschaften und Details der Implementierung, die nicht in die eigentliche Arbeit aufgenommen wurden, da sie für das Verständnis der behandelten Thematik nicht notwendig sind.

A.1 Klassifikationen temporaler Eigenschaften

Neben der klassischen Charakterisierung der Klassen der temporalen Hierarchie durch LTL-Formeln in Unterabschnitt 2.6.1 auf Seite 25 existiert eine weitere Charakterisierung ohne ptLTL-Operatoren, die verwendet werden kann, um eine vorhandene LTL-Formel einer der Klassen zuzuordnen. Die folgenden Charakterisierung wurde aus [6] übernommen. Eine Sprache $L \subseteq \Sigma^\omega$ auf unendlichen Worten über dem Alphabet Σ gehört zu der (durch LTL beschreibbaren Teilmenge der) angegebenen Klasse genau dann, wenn eine LTL-Formel φ existiert, die nur die angegebenen Operatoren enthält, sodass $L = \mathcal{L}(\varphi)$ gilt. Dabei sind in φ neben den explizit angegebenen Operatoren nur Propositionen und aussagenlogische Verknüpfungen dieser erlaubt.

- Safety:
  - φ enthält die Operatoren $\wedge$, $\vee$, $\bigcirc_\mathrm{w}$, $\square$, $\mathcal{W}$ und $\mathcal{R}$.
- Guarantee (Co-Safety):
  - φ enthält die Operatoren $\wedge$, $\vee$, $\bigcirc$, $\diamond$ und $\mathcal{U}$.
- Obligation:

- φ enthält beliebige aussagenlogische Operatoren.
- φ enthält Teilformeln der Form $\bigcirc_w \psi$, $\square \psi$, $\chi \mathcal{W} \psi$ und $\chi \mathcal{R} \psi$, wenn ψ die obige Safety-Bedingungen und χ die Obligation-Bedingungen erfüllt.
- φ enthält Teilformeln der Form $\bigcirc \psi$, $\lozenge \psi$ und $\chi \mathcal{U} \psi$, wenn ψ die obige Guarantee-Bedingungen und χ die Obligation-Bedingungen erfüllen.

• Response (Recurrence):
- φ enthält die Operatoren $\wedge$, $\vee$, $\bigcirc_w$, $\square$, $\mathcal{W}$ und $\mathcal{R}$.
- φ enthält Teilformeln der Form $\bigcirc \psi$, $\lozenge \psi$ und $\chi \mathcal{U} \psi$, wenn ψ die obige Guarantee-Bedingungen und χ die Response-Bedingungen erfüllt.

• Persistence:
- φ enthält die Operatoren $\wedge$, $\vee$, $\bigcirc$, $\lozenge$, $\mathcal{U}$.
- φ enthält Teilformeln der Form $\bigcirc_w \psi$, $\square \psi$, $\chi \mathcal{W} \psi$ und $\chi \mathcal{R} \psi$, wenn ψ die obige Safety-Bedingungen und χ die Response-Bedingungen erfüllt.

• Reactivity:
- φ enthält beliebige Operatoren.

Eine zur temporalen Hierarchie orthogonale Klassifikation der temporalen Eigenschaften liefert die Klasse Liveness.

Definition A.1 (Liveness, [1]). Eine Sprache L ist *lebendig*, wenn gilt

$$\forall w \in \Sigma^* : \exists w' \in \Sigma^\omega : ww' \in L.$$

Es ist also für jedes Präfix w noch möglich, dieses zu einem Wort ww' der Sprache L zu erweitern, wenn L lebendig ist. Anders ausgedrückt existiert für jedes endliche Wort $w \in \Sigma^*$ ein Wort in der lebendigen Sprache L, sodass $w \in \text{Pref}(L)$.

Jede reguläre Sprache kann als Schnitt einer Safety- und einer Liveness-Sprache dargestellt werden.

Für die Betrachtung der Monitorbarkeit liefert diese Unterteilung allerdings keine weiteren Erkenntnisse, da wir bereits gesehen haben, dass alle Sprache aus der Klasse Safety monitorbar sind. Entsprechend sind in der Klasse Liveness einige Sprachen monitorbar.

A.2 Paket- und Dateistruktur der Software

Durch die Verwendung von unveränderlichen Klassen und case classes zum Gruppieren von Informationen für das Pattern Matching können Datenstrukturen in Scala aus vielen kurzen Klassendeklarationen bestehen. Zum Ausgleich können mehrere Klassen in einer Quelltextdatei enthalten sein. Deswegen beschreibt dieser Abschnitt die Strukturierung und die wichtigsten Dateien der Monitorgenerierung, um einen Überblick über den im Rahmen dieser Arbeit entstandenen Quelltext zu geben.

Alle Klassen und Pakete der Applikation befinden sich innerhalb des obersten Pakets de.uni_luebeck.isp.legomeetsrv. Direkt in diesem Paket befindet sich nur die Klasse Main, die die Kommandozeilenschnittstelle realisiert. Die primär in Unterabschnitt 4.5.1 über die *Architektur der Applikation* auf Seite 118 besprochenen Klassen AgentReader zum Einlesen der Annotationen, AgentBuilder zur Monitorgenerierung, AgentWriter zur Codegenerierung und ihre jeweiligen Collections befinden sich im Paket agent. Im Paket ptltl befindet sich in der Datei Ptltl.scala die Implementierung des ptLTL-Monitors, die unabhängig vom Parsen der Annotationen und der Codegenerierung ist. Der Parser generiert Instanzen der Klasse PtltlMonitorAnnotation und die eigentliche Codegenerierung wird von der Klasse PtltlMonitorGeneration übernommen. Beide sind in der Datei PtltlMonitor.scala definiert. Die Details werden im Unterabschnitt 4.5.3 über die ptLTL-*Monitorgenerierung* auf Seite 126 beschrieben. Analog befinden sich im Paket fdtl die Dateien Fdtl.scala und FdtlMonitor.scala, deren Klassen in Unterabschnitt 4.5.4 über die fDTL-*Monitorgenerierung* auf Seite 128 näher beschrieben werden. Im Gegensatz zur ptLTL-Monitorgenerierung befinden sich in diesem Paket noch weitere Dateien mit Klassen für die Implementierung des Quine-McCluskey-Verfahrens (vgl. Unterabschnitt 4.5.5 über die *Minimierung der Transitionen mit Quine-McCluskey* auf Seite 132) und die Kommunikation mit der db4o-Datenbank (vgl. Unterabschnitt 4.5.6 über *Caching mit db4o* auf Seite 133). Die gemeinsamen Basisklassen der Monitore befinden sich im Paket annotation in der Datei Monitor.scala. Alle anderen Annotationen, die keine Monitore definieren, befinden sich ebenfalls im Paket annotation in der Datei Annotations.scala. Ebenfalls in diesem Paket befindet sich der AnnotationParserCombinator. Diese Klassen werden in Unterabschnitt 4.5.2 über die *Datenstruktur der Annotationen* auf Seite 120 erläutert.

Printed in the United States
By Bookmasters